Diálogos simpáticos

A reader for beginning Spanish students

Anthony J. DeNapoli
Stephen L. Levy

National Textbook Company
a division of NTC/CONTEMPORARY PUBLISHING GROUP
Lincolnwood, Illinois USA

The publisher would like to thank Guilherme P. Kiang-Samaniego for his contributions to this edition.

Cover design: Lisa Buckley
Interior design: Lucy Lesiak
Interior illustrations: Andrew Grossman, the Toos Studio

ISBN: 0-658-00521-9

◖ Contents ◗

Introduction   *vii*

1 **En la aduana del aeropuerto internacional**   *1*
STRUCTURES and VERBS: Present of *ser/estar;* present
of *-ar* verbs

2 **En la cocina**   *6*
STRUCTURES and VERBS: *ir a* + infinitive; telling time

3 **En el gimnasio**   *10*
STRUCTURES and VERBS: Diminutives; present of *tener,
hacer, gustar;* adverbs

4 **En el banco**   *14*
STRUCTURES and VERBS: Stem-changing *e-ie* verbs; familiar
singular commands; *cuánto*

5 **En la hamburguesería**   *19*
STRUCTURES and VERBS: Stem-changing *e-i* verbs; *poder* +
infinitive

6 **En el centro comercial**   *24*
STRUCTURES and VERBS: *falta(n);* present of *ponerse, sacarse;
acabar de*

7 **En el dormitorio de Paco**   *29*
STRUCTURES and VERBS: Superlatives; present of *hacer,
decir, tener, poder*

8 **En la calle**   *33*
STRUCTURES and VERBS: Present of *querer, tener, jugar,
entrar, salir; con* + pronoun

9 **En la clase de ciencias** *38*
STRUCTURES and VERBS: Present of *dormir, sentirse;* idioms with *tener*

10 **En una fuente de los deseos** *43*
STRUCTURES and VERBS: Review of verbs; noun-adjective agreement

11 **En el colegio** *49*
STRUCTURES and VERBS: Present progressive of verbs; review of the present tense

12 **En el consultorio médico** *54*
STRUCTURES and VERBS: Present of *sentir(se), doler*

13 **En la fiesta** *58*
STRUCTURES and VERBS: Present of *divertirse;* present progressive tense

14 **En el restaurante** *62*
STRUCTURES and VERBS: Object pronouns; present of *sentar, molestar, doler, gustar, encantar*

15 **En la tiendita** *67*
STRUCTURES and VERBS: Present of *oler;* direct object pronouns

16 **En la tintorería** *72*
STRUCTURES and VERBS: Direct object pronouns; *ser/estar listo*

17 **En la boda** *76*
STRUCTURES and VERBS: Present of *saber, conocer, comenzar*

18 **En la tienda de videos** *82*
STRUCTURES and VERBS: Familiar and formal singular commands

19 **En un banquete** *86*
STRUCTURES and VERBS: Present of *repetir;* familiar singular commands; indirect object pronouns

20 **En la sala de estar** *90*
STRUCTURES and VERBS: Preterite of regular *-ar* verbs; preposition + pronoun

21 **Delante del refrigerador** *95*
STRUCTURES and VERBS: Preterite of regular *-ar* verbs; use of the infinitive; negative sentences

22 **En el café de la librería** *100*
STRUCTURES and VERBS: Preterite of *venir, tener, decir*

23 **En casa del abogado** *104*
STRUCTURES and VERBS: Preterite of *hacer;* review of the preterite

24 **En la peluquería** *109*
STRUCTURES and VERBS: Formal singular commands with object pronouns

25 **En el teléfono** *113*
STRUCTURES and VERBS: Preterite of regular *-er, -ir* verbs; preterite of *ir, ser;* forms of *aquel*

26 **En la recepción de un pequeño hotel** *118*
STRUCTURES and VERBS: Preterite of *decir, querer;* review of the preterite

Para escribir o dialogar

27 **En la taquilla de cine** *123*
STRUCTURES and VERBS: Present and preterite of reflexive verbs; formal commands

Para escribir o dialogar

28 **En el Museo del Prado** *127*
STRUCTURES and VERBS: Review of *venir*

Para escribir o dialogar

29 **En el parque de diversiones** *131*
STRUCTURES and VERBS: Prepositions; review of the
preterite of regular and irregular verbs

Para escribir o dialogar

30 **En la pizzería** *136*
STRUCTURES and VERBS: General review of regular and
irregular verbs and other structures

Para escribir o dialogar

Spanish-English Vocabulary *142*

∽ Introduction ∾

Diálogos simpáticos is an introductory reader for beginning students of Spanish. The thirty short and humorous dialogues use simple and natural language and deal with a variety of topics that are traditionally featured in basal texts. Students will get lots of practice with authentic and practical conversations. By providing sound models—and humor—for a variety of situations, these dialogues will help students strengthen their own communication skills and thus bolster their self-confidence when they speak Spanish.

Each dialogue starts with a **prereading** activity that encourages students to use their prior knowledge and critical thinking skills to make their own special connection to the dialogue. Lively classroom discussions can result from these **Antes de leer** activities. Each dialogue is followed by comprehension exercises that check students' understanding. Students answer objective questions based on what they have just read, and might also have to complete multiple-choice questions or determine if statements are true or false. The **Comprensión** section ends with **¿Y tú?**, so everyone has a chance to express his or her opinion. Following this, there are exercises that focus on the vocabulary, verbs, and structures used in the dialogues. For example, students might identify cognates, synonyms, or antonyms in the **Vocabulario** section; supply the correct verb form in the **Verbos** section; or choose the right preposition, adverb, or idiom with *tener* in the **Estructura** section. The final five dialogues are also accompanied by topics **Para escribir o dialogar,** so writing and speaking skills may be further enhanced. High-frequency vocabulary and expressions are used throughout to facilitate comprehension, and words from the dialogues have been included in the vocabulary list at the back of the book. A whimsical illustration accompanies each dialogue and adds to the humor and meaning of the text.

Students might enjoy role-playing these dialogues for the rest of the class or for a smaller group. If they do, not only will the "actors" refine their interpretive reading skills, but their audience will strengthen its listening skills. Listening skills may be polished by having students listen to the dialogues on the audiocassette that is also available. Each conversation has been recorded and is read by native speakers.

Diálogos simpáticos is the perfect complement to any basal text for beginners and is the ideal addition to your Spanish class. Students will enjoy reading these engaging conversations as they move toward mastery of the structures needed for self-expression in Spanish. Teachers will appreciate the book's flexible organization that lets them select dialogues in any order to reinforce topics or structures being studied or reviewed in class.

1.
En la aduana del aeropuerto internacional

Antes de leer: *Si viajas de un país a otro, tienes que pasar por la aduana (customs). ¿Qué te preguntan cuando pasas por la aduana?*

El señor Federico Rangel es de Caracas y regresa de un viaje a Buenos Aires. Ahora está en la aduana.

Aduanero: Bienvenido, señor. ¿Qué tal el viaje?

Sr. Rangel: ¡Estupendo! ¡Un viaje realmente estupendo! Buenos Aires es una ciudad muy bonita.

Aduanero: La declaración, por favor.

Sr. Rangel: Sí, cómo no. Aquí está.

Aduanero: ¿Vino, licores, cigarros, cigarrillos?

Sr. Rangel: Usted es muy amable, pero prefiero un café con leche.

ᘓ COMPRENSIÓN ᘒ

A. Contesta las preguntas con frases completas.

1. ¿Cómo se llama el pasajero?
2. ¿De dónde es?
3. ¿De dónde regresa?
4. ¿Dónde está ahora?
5. ¿Con quién habla?
6. ¿Cómo es Buenos Aires?
7. ¿Qué pregunta el aduanero?
8. ¿Qué prefiere el señor?

B. ¿Y tú?

1. ¿Cómo te llamas tú? ¿De dónde eres?
2. ¿Cómo es tu ciudad?
3. ¿Viajas a menudo? ¿A qué lugares?
4. ¿Con quién viajas?
5. ¿Dónde estás ahora?

ᘓ VOCABULARIO ᘒ

A. Cognates are words that are spelled similarly in Spanish and in English and that have a similar root or element in both languages. *Declaración* is a cognate of *declaration*. Generally, English nouns ending in *-tion* will end in *-ción* in Spanish. Form the Spanish equivalent of the following.

1. information
2. confirmation
3. reservation
4. constitution
5. attention
6. celebration
7. definition
8. solution
9. situation
10. condition

B. Synonyms are words that have a similar meaning. Match these synonyms.

A	B
1. viaje	**a.** linda
2. ahora	**b.** simpático
3. bonita	**c.** excursión
4. estupendo	**d.** conversar
5. amable	**e.** en este momento
6. hablar	**f.** fabuloso

C. Antonyms are words that have an opposite meaning. Match these antonyms.

A	B
1. ciudad	**a.** allí
2. simpático	**b.** más tarde
3. aquí	**c.** feo
4. bonito	**d.** campo
5. ahora	**e.** antipático

ᘓ VERBOS ᘏ

A. Complete each statement with the appropriate form of *ser* or *estar*.

1. La señora Torres _____ de Buenos Aires.

2. Yo _____ de Venezuela.

3. ¿De dónde _____ ustedes?

4. ¿Cómo _____ la ciudad?

5. Roberto y yo _____ en el aeropuerto.

6. Madrid _____ la capital de España.

7. El aduanero _____ simpático.

8. ¿Dónde _____ la declaración?

9. Yo _____ pasajero.

10. Tú y yo _____ bien.

B. Complete the crossword puzzle with the appropriate form of the verbs indicated.

Horizontal

3. regresar   *(tú)*
5. hablar   *(Ud.)*
6. estar   *(yo)*
7. ser   *(nosotros)*

Vertical

1. preguntar   *(él y yo)*
2. viajar   *(ellos)*
4. ser   *(yo)*

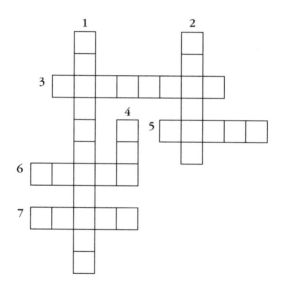

⟪ ESTRUCTURA ⟫

A. Match the segments in columns A and B.

A	B
1. La señora va	**a.** una ciudad muy bonita.
2. El aduanero pregunta	**b.** muy simpático.
3. Lima es	**c.** está Bogotá?
4. ¡Qué viaje tan	**d.** de Montevideo.
5. La señorita es	**e.** a Acapulco.
6. ¿Dónde	**f.** estupendo!
7. Tú eres	**g.** muchas cosas.

B. Complete the following passage by inserting the necessary words from those given below.

Carlos es de la ciudad de Bogotá. Bogotá es la capital
(1) _____ Colombia. Es una **(2)** _____ moderna.
Ahora Carlos **(3)** _____ en el aeropuerto de México y
habla con el **(4)** _____. El aduanero es una persona
(5) _____, y **(6)** _____ muy amable con el
(7) _____.

aduanero	de	está	simpática
ciudad	es	pasajero	

2.
En la cocina

Antes de leer: *¿Qué te gusta cocinar? ¿Cómo lo preparas?*

Son las cinco y media. Paco y su madre están en la cocina de su casa y hablan de la cena.

Paco: Mamá, ¿qué vas a cocinar para la cena de esta noche?
La madre: Voy a hacer un estofado de carne con arroz.
Paco: ¡Qué rico! Me encanta cómo preparas el estofado.
La madre: La comida va a estar lista dentro de una hora.
Paco: Oye, mamá. ¿Por qué lloras?
La madre: Nada, hijo. Son las cebollas. Siempre me hacen llorar.
Paco: ¿Las cebollas te hacen llorar?
La madre: Sí, Paco.
Paco: ¿Y qué verdura te hace reír?

◄◙ COMPRENSIÓN ◙►

A. Match the segments in columns A and B.

A	B
1. Me encanta	**a.** de carne con arroz.
2. Es un estofado	**b.** está en la cocina.
3. La comida va a	**c.** el estofado.
estar lista	**d.** para la cena de
4. Paco	esta noche?
5. ¿Qué vas a cocinar	**e.** dentro de una hora.

B. Contesta las preguntas con frases completas.

   1. ¿Qué hora es?
   2. ¿Dónde están Paco y su madre?
   3. ¿Qué pregunta Paco a su madre?
   4. ¿Qué va a cocinar la madre de Paco?
   5. ¿De qué es el estofado?
   6. ¿Le gusta a Paco el estofado?
   7. ¿A qué hora va a estar lista la comida?
   8. ¿Por qué llora la madre?

C. ¿Y tú?

   1. ¿A qué hora comen en tu casa?
   2. ¿Cocinas tú? ¿Bien o mal?
   3. ¿Qué cocinas para el almuerzo? ¿Y para la cena?
   4. ¿Cuál es tu comida favorita?
   5. ¿Te hacen llorar cebollas?

◄◙ VOCABULARIO ◙►

A. Match these synonyms. Then use the word that appears in the boxes to write a complete sentence.

A	B
1. hablar	**a.** Cocinar
2. me encanta	**b.** cOnversar
3. vegetales	**c.** maMi
4. preparar	**d.** mE gusta
5. mamá	**e.** verduRas

B. Match these antonyms. Then use the word that appears in the boxes to write a complete sentence.

A	B
1. poco	**a.** anoc[h]e
2. mami	**b.** pap[i]
3. esta noche	**c.** hi[j]a
4. hijo	**d.** much[o]

◖ VERBOS ◗

Complete these sentences to practice the expression *ir a*. Use the appropriate form of the verb in each case.

1. Mamá _____ _____ preparar una ensalada.

2. Yo _____ _____ comer a las seis.

3. Tú _____ _____ hablar con tu papá.

4. ¿A qué hora _____ _____ llegar ellos?

5. ¿Qué _____ _____ comprar tú para la cena?

◖ ESTRUCTURA ◗

A. ¿Qué hora es? Write the time shown in each of the clocks in Spanish.

1. 3:00		**6.** 10:15	
2. 5:55		**7.** 1:40	
3. 12:20		**8.** 8:07	
4. 1:00		**9.** 11:30	
5. 9:30		**10.** 5:05	

B. ¿A qué hora? Answer these questions using the time indicated in parentheses.

1. ¿A qué hora van a cenar Uds.? *(6:15)*

2. ¿A qué hora vas a ir a la escuela? *(7:30)*

3. ¿A qué hora van a ir ellos al aeropuerto? *(12:20)*

4. ¿A qué hora vas a regresar de la ciudad? *(5:45)*

5. ¿A qué hora va a hablar ella con el profesor? *(1:10)*

C. Complete the following passage by inserting the necessary words from those given below.

La familia Godoy va a cenar pronto. La mamá está en la
(1) _____. Ella **(2)** _____ a preparar un estofado de
carne. Su **(3)** _____ se llama Lourdes y desea saber a qué
(4) _____ van a cenar. La mamá **(5)** _____ al cortar
las cebollas y dice que van a cenar **(6)** _____ media hora.

cocina	hija	llora
dentro de	hora	va

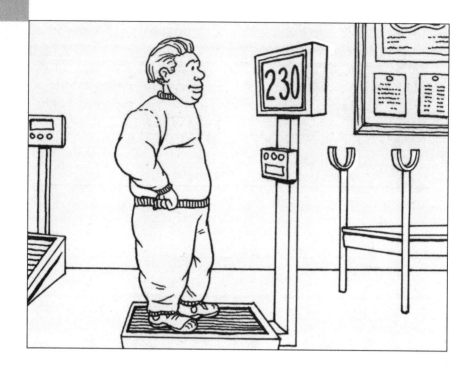

3.
En el gimnasio

ANTES DE LEER: *¿Haces ejercicio físico? ¿Por qué? ¿Te gusta estar en forma?*

Todos los miércoles, Joseíto y su amigo Reinaldo van al gimnasio juntos. A ellos les gustan los deportes, sobre todo el fútbol. Los dos hacen siempre mucho ejercicio.

REINALDO: Ay, Joseíto, todo el mundo me dice que estoy gordo y que tengo que bajar de peso.

JOSEÍTO: Yo creo que tienen razón.

REINALDO: ¿Por qué piensas así? No estoy gordo.

JOSEÍTO:	A ver. ¿Cuánto pesas?
	(Reinaldo sube a la báscula.)
JOSEÍTO:	¿Y? ¿Cuánto pesas?
REINALDO:	Peso . . . 230 libras. Pero ése no es mi peso real porque estoy vestido.
JOSEÍTO:	Tienes razón: si tu ropa pesa unas 60 libras, entonces creo que no estás tan gordo . . .

◖ COMPRENSIÓN ◗

A. Indicate whether these statements are true or false. Write *V* for *verdadero* and *F* for *falso*. If the statement is false, correct it to make it true.

1. (   ) Joseíto y Reinaldo van al gimnasio juntos todos los días.
2. (   ) A ellos les gusta el fútbol.
3. (   ) Hacen poco ejercicio.
4. (   ) Todo el mundo dice que Reinaldo está gordo.
5. (   ) Joseíto dice que tienen razón.
6. (   ) Reinaldo pesa 120 libras.
7. (   ) La ropa de Reinaldo pesa 60 libras.
8. (   ) Reinaldo cree que no está gordo.

B. Contesta las preguntas con frases completas.

1. ¿Cómo se llaman los dos amigos?
2. ¿Van al gimnasio juntos?
3. ¿Cuándo van al gimnasio?
4. ¿Qué deporte les gusta más?
5. ¿Hacen mucho ejercicio?
6. ¿Qué dice todo el mundo de Reinaldo?
7. ¿Cree Joseíto que tienen razón?
8. ¿Cuánto pesa Reinaldo?

C. ¿Y tú?

1. ¿Practicas algún deporte?
2. ¿Qué deporte te gusta más?
3. ¿Vas al gimnasio?
4. ¿Haces mucho ejercicio?
5. ¿Crees que estás gordo(a), delgado(a)? ¿Por qué?

✒ VOCABULARIO ✑

A. Diminutives. The suffix *-ito* or *-cito* is used to indicate smallness of size or affection in Spanish. For example: *Miguel — Miguelito; Ana — Anita; dolor — dolorcito.* Form the diminutives of these words.

1. Ramón
2. casa
3. hijo
4. gordo
5. Reinaldo

B. Antonyms. Match the following words or expressions that have opposite meanings.

A	B
1. gordo	**a.** pocos
2. muchos	**b.** mujer
3. junto	**c.** delgado
4. hombre	**d.** nadie
5. vestido	**e.** enemigo
6. amigo	**f.** separado
7. todo el mundo	**g.** desnudo

✒ VERBOS ✑

A. Complete these sentences using the appropriate form of the verb given in the model.

1. Joseíto *tiene* que perder diez libras.
   ¿Tú _____ mucha tarea?
   Los amigos _____ hambre.
   Hoy yo no _____ clase.
   Joseíto y yo _____ muchos libros.
   ¿Qué _____ ellos en la mano?

2. Los amigos *hacen* mucho ejercicio.
   Nosotros _____ el trabajo de ciencias.
   Reinaldo no _____ nada.
   ¿Pero qué _____ tú allí?
   Yo _____ toda la tarea.
   ¿Quién _____ ejercicio?

12

3. Me *gusta* el fútbol.

Me _____ el pollo.

Me _____ los libros.

Me _____ estudiar español.

Me _____ jugar béisbol.

Me _____ preparar la cena.

B. Supply the appropriate form of *gustar, tener,* or *hacer* to complete the following statements.

1. Joseíto no _____ razón.
2. Yo _____ mucho ejercicio.
3. ¿Te _____ el fútbol?
4. Yo _____ que bajar de peso.
5. Las cebollas me _____ llorar.
6. Me _____ las frutas.
7. La mamá _____ que preparar la cena.

⟪ ESTRUCTURA ⟫

A. Adverbs. In Spanish, the equivalent of the English ending *-ly* is *-mente*, which is added to the adjective to form an adverb. If the adjective ends in *-o*, then the feminine singular form must be used before adding the ending.

MODEL: triste — tristemente   *(sadly)*

formal — formalmente *(formally)*

rápido — rápidamente *(rapidly)*

1.	final	6.	reciente
2.	especial	7.	amable
3.	correcto	8.	fuerte
4.	inmediato	9.	posible
5.	verdadero	10.	necesario

B. Match the segments in columns A and B.

A	B
1. A él	a. a las seis y media.
2. Papá regresa de un	b. regresar a la casa temprano.
3. Todos cenan	c. ejercicio en el gimnasio.
4. La señora prepara	d. viaje a América del Sur.
5. Roberto tiene que	e. le gusta el fútbol.
6. El padre hace	f. la cena en la cocina.

4.
En el banco

ANTES DE LEER: *Casi todo el mundo guarda dinero en el banco.
¿Tienes cuenta en el banco?*

Natalia va al banco a cambiar un billete de mil pesos.

EL GUARDIA: Entre rápido, señorita, porque ya vamos a cerrar.
NATALIA: ¡Gracias! ¡Cuánta gente hay hoy!
EL GUARDIA: Sí, hoy es día de pago y la gente viene a depositar
sus cheques. Forme fila, por favor.
*(Natalia forma fila y, después de esperar casi media
hora, llega a la caja.)*

NATALIA: ¿Me cambia un billete de mil, por favor?

LA CAJERA: ¿Qué prefiere: billetes de cincuenta, cien o quinientos pesos?

NATALIA: Si puede, prefiero billetes de cinco mil. ¡Ja, ja!

LA CAJERA: Muy buen chiste, señorita. Infelizmente, aquí no regalamos el dinero.

NATALIA: Bueno. Como tiene tan poco sentido del humor, déme billetes de cien pesos, por favor.

⅏ COMPRENSIÓN ⅏

A. Indicate whether these statements are true or false. Write *V* for *verdadero* and *F* for *falso*. If the statement is false, correct it to make it true.

1. (   ) Natalia llega cuando el banco ya va a cerrar.
2. (   ) El guardia no deja pasar a Natalia.
3. (   ) En el banco hay muy poca gente.
4. (   ) Natalia tiene que formar fila.
5. (   ) Natalia espera una hora en la fila.
6. (   ) Un señor atiende a Natalia en la caja.
7. (   ) Natalia necesita cambiar un billete de mil pesos.
8. (   ) La cajera tiene poco sentido del humor.

B. Contesta las preguntas con frases completas.

1. ¿Adónde va Natalia?
2. ¿Para qué va Natalia al banco?
3. Cuando llega Natalia, ¿la dejan entrar?
4. ¿Cuánta gente hay en el banco?
5. ¿Por qué hay mucha gente en el banco?
6. ¿Quién atiende a Natalia?
7. ¿Qué le pregunta la cajera?
8. ¿Cómo reacciona la cajera con la contestación de Natalia?

C. ¿Y tú?

1. ¿Generalmente vas al banco a depositar o a cobrar cheques?
2. ¿Tienes cuenta en el banco?
3. ¿Qué tipo de cuenta tienes: cuenta corriente o de ahorros?
4. ¿Eres una persona ahorrativa o te gusta gastar?
5. ¿Utilizas también el cajero automático? ¿Cuándo lo utilizas?

◄ⓒ VOCABULARIO ☽

A. Match the following antonyms.

A	B
1. rápido	**a.** mucho
2. entrar	**b.** hoy
3. ayer	**c.** ir
4. poco	**d.** despacio
5. venir	**e.** salir

B. Read the clues and complete the crossword puzzle.

Horizontal

4. Algo que causa risa
5. Dinero en papel
7. Mujer que trabaja en la caja de un banco

Vertical

1. Lo contrario de *infelizmente*
2. Moneda de los Estados Unidos
3. Forma de pago
6. No mucho

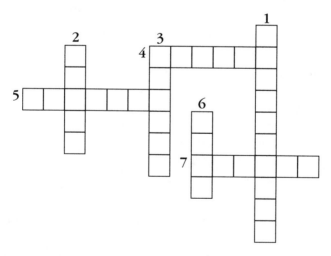

C. Write complete sentences with each of your answers from the crossword puzzle.

ᗐ VERBOS ᗒ

A. Supply the appropriate present-tense forms of the verbs given in parentheses.

1. Yo siempre _____ la puerta antes de salir.   *(cerrar)*

2. ¿_____ todo lo que necesitas?   *(tener)*

3. Estos chicos _____ la paciencia por cualquier cosa.   *(perder)*

4. ¿Hoy _____ Matías a la casa?   *(venir)*

5. Toma el abrigo porque creo que tú _____ frío.   *(sentir)*

B. Rewrite these sentences using the familiar singular *(tú)* command form of the verbs.

MODEL: Camino muy lento.
       Pues, camina más rápido.

1. Hablo demasiado.
2. Llamo pocas veces a su casa.
3. Sólo practico guitarra una vez a la semana.
4. Nunca invito a nadie.
5. Tomo muy poca agua.
6. Compro demasiadas cosas.

ᗐ ESTRUCTURA ᗒ

A. Complete the dialogue using the correct form of *cuánto*.

JORGE: ¡**(1)** _____ gente hay hoy en el supermercado!

CLAUDIA: Sí, muchísima. Necesito comprar tomates.
       ¿**(2)** _____ cuestan?

JORGE: Están baratos. ¿**(3)** _____ tomates vas a llevar?

CLAUDIA: Voy a llevar dos kilos.

JORGE: ¡**(4)** _____ tomate comes!

B. Complete the following passage by inserting the necessary words from those given below.

Alfonso tiene **(1)** _____. El banco ya va a **(2)** _____ y él necesita **(3)** _____ urgentemente un cheque porque no tiene suficiente dinero en su **(4)** _____. En la entrada del banco, el guardia no lo deja **(5)** _____. Alfonso implora al guardia, pero no le quiere dejar pasar. Un **(6)** _____ del banco observa a Alfonso y al guardia y se acerca. El supervisor **(7)** _____ a Alfonso entrar al banco.

cerrar	depositar	pasar	prisa
cuenta	supervisor	permite	

5.
En la hamburguesería

ANTES DE LEER: *¿Qué opinas de la "comida rápida"?*

Es la hora del almuerzo y una señora entra a una hamburguesería a comer.

EL DEPENDIENTE: ¿Qué le sirvo, señora?
LA SEÑORA: Un momento. A ver . . .
EL DEPENDIENTE: ¿Desea uno de nuestros especiales de hoy?
LA SEÑORA: ¿Me puede decir qué tienen?
EL DEPENDIENTE: Sí. Tenemos un especial de hamburguesa con queso, otro de pechuga de pollo y otro de filete de pescado.

LA SEÑORA:	Prefiero la hamburguesa con queso.
EL DEPENDIENTE:	¿Tocino?
LA SEÑORA:	También. Sírvame bastante, si es tan amable.
EL DEPENDIENTE:	¿Qué más le ponemos a la hamburguesa?
LA SEÑORA:	Póngale cebolla, tomate, lechuga, pepinillos. *(El dependiente le entrega la bandeja de comida.)*
EL DEPENDIENTE:	¿Está bien así?
LA SEÑORA:	Sí, pero no me lo sirva tan rápido. Mi médico dice que debo evitar la comida rápida porque no es muy saludable.

◖◗ COMPRENSIÓN ◖◗

A. Indicate whether these statements are true or false. Write *V* for *verdadero* and *F* for *falso.* If the statement is false, correct it to make it true.

1. ( ) La señora va a la hamburguesería a la hora del desayuno.
2. ( ) Hay tres especiales del día.
3. ( ) La señora pide hamburguesa con queso.
4. ( ) La señora no quiere tocino.
5. ( ) El dependiente sirve a la señora una hamburguesa con queso y tocino solamente.
6. ( ) A la señora no le gustan los pepinillos.
7. ( ) Su médico dice que la comida rápida no es muy saludable.

B. Contesta las preguntas con frases completas.

1. ¿Adónde va a comer la señora?
2. ¿Cuántos especiales hay?
3. ¿Cuáles son?
4. ¿Qué pide la señora?
5. ¿Lleva queso el especial?
6. ¿Y tocino?
7. ¿Qué más quiere la señora en su hamburguesa?
8. ¿Sigue la señora la recomendación de su médico?

C. ¿Y tú?

   1. ¿Te gusta la comida rápida?

   2. ¿Cuál es la comida que más te gusta?

   3. ¿Prefieres comer en el lugar o prefieres llevar la comida a tu casa?

   4. ¿Es saludable la comida rápida? ¿Por qué?

   5. ¿Qué comidas son saludables?

⅏ VOCABULARIO ⅏

A. Noun formation. In Spanish, many names of stores are formed by adding the ending *-ería* to a noun. Follow the model to complete the sentences below.

MODEL: Me gustaría tomar un helado en esa *heladería*.

   1. Voy a llevar mis zapatos a la _____.

   2. Esa _____ no tiene el libro que quiero.

   3. Hay una _____ aquí cerca que prepara unas pizzas muy ricas.

   4. ¡Qué hermosas son las joyas de esta _____!

   5. En la nueva _____ venden unos muebles preciosos.

   6. Los relojes de esta _____ son carísimos.

B. Complete each statement with the correct word. Then write the words in the appropriate place on the crossword puzzle that appears on the next page.

Horizontal

   3. En la panadería compramos _____.

   4. El camembert, el cheddar y el parmesano son _____.

   5. La gente que no come carne es _____.

   6. La comida rápida no es muy _____.

   7. En la verdulería se venden _____.

Vertical

   1. El tocino no es un vegetal; es una _____.

   2. En la _____ se vende pescado.

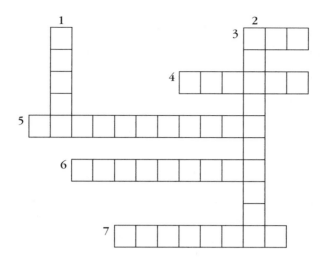

C. Write complete sentences with each of your answers from the crossword puzzle.

◖◖ VERBOS ◗◗

A. Supply the first-person present-tense form of the verbs given in parentheses.

1. _____ siempre lo que quiero.   *(conseguir)*
2. Sólo _____ lo que necesito.   *(pedir)*
3. _____ todos mis pasos.   *(medir)*
4. Yo siempre _____ las noticias.   *(seguir)*
5. Nunca _____ todo lo que pienso. *(decir)*
6. Hoy _____ la mesa.   *(servir)*

B. Write a sentence with the appropriate present-tense form of *poder* and the correct infinitive according to the cue.

MODEL: Andas muy despacio. *Creo que puedes andar más rápido.*

1. ¿Vas a leer sólo una parte del libro?
2. Eduardo habla muy bajo.
3. Siempre llegas tarde.
4. Estos chicos son muy pesimistas.
5. Gastas mucho.
6. Adriana estudia muy poco.

⫷ ESTRUCTURA ⫸

A. Write an appropriate question for each statement based on the cue given.

1. Las niñas desean *una ensalada*.
2. El hotel queda *cerca de la plaza mayor*.
3. La película comienza *a las siete*.
4. Los muchachos vienen *a pie*.
5. Esperamos *a tus padres*.
6. No voy a ir a nadar *porque va a llover*.

B. Complete the following dialogue by inserting the necessary words from those given below.

EL PADRE: Los niños tienen mucha **(1)** _____. ¿Por qué no almorzamos en ese **(2)** _____?

LA MADRE: Es temprano. Todavía no es la hora del **(3)** _____.

EL PADRE: Tienes razón, pero creo que el restaurante más cercano queda a varias **(4)** _____ de aquí. ¿Vamos?

LA MADRE: Muy bien.
(*Entran al restaurante.*)

EL MESERO: ¿**(5)** _____?

LA MADRE: Arroz con pollo para todos.

EL MESERO: ¿Y para **(6)** _____?

LA MADRE: Jugo de piña para todos.

EL PADRE: Oye. Gracias por **(7)** _____.

almuerzo	preguntarme	tomar
hambre	qué desean	
millas	restaurante	

6.
En el centro comercial

ANTES DE LEER: *¿Haces tus compras en los centros comerciales?*
¿Qué más te gusta hacer en los centros comerciales?

Laura y Daniel están en el centro comercial haciendo compras.
Laura ve una zapatería y llama a Daniel a ver los zapatos.

LAURA: Mira, Daniel. Aquí hay una zapatería. ¿Por qué no entramos?
DANIEL: No, mejor otro día.
LAURA: Pero me acabas de decir que necesitas zapatos.
DANIEL: Sí, pero prefiero venir en otra ocasión.
LAURA: ¿Te falta dinero? ¿Es eso? Yo te lo presto.

DANIEL: No, no es eso.

LAURA: Vamos. Somos amigos. Yo te lo presto sin problema.

DANIEL: Es que . . .

LAURA: Pero, ¿qué es entonces?

DANIEL: Es que tengo un agujero[1] enorme en el calcetín y me da vergüenza sacarme el zapato.

LAURA: Tonto. ¿Por qué no me lo dijiste[2] antes? Vamos a casa entonces.

ᥫᵒ COMPRENSIÓN ᥫᵒ

A. Indicate whether these statements are true or false. Write *V* for *verdadero* and *F* for *falso*. If the statement is false, correct it to make it true.

1. (   ) Laura está en la zapatería con su amigo Daniel.
2. (   ) Daniel quiere comprarse zapatos.
3. (   ) Laura entra en la zapatería, pero Daniel no.
4. (   ) Daniel entra en la zapatería, pero Laura no.
5. (   ) Ninguno de los dos entra en la zapatería.
6. (   ) Daniel no quiere entrar en la zapatería porque no tiene dinero.
7. (   ) Daniel no quiere entrar porque tiene un agujero en el calcetín.
8. (   ) A Daniel le da vergüenza sacarse el zapato.

B. Contesta las preguntas con frases completas.

1. ¿Dónde están Laura y Daniel?
2. ¿Qué tienda ve Laura?
3. ¿Quiere Laura entrar en la zapatería?
4. ¿Y Daniel?
5. ¿Necesita Daniel comprarse zapatos?
6. ¿Le falta dinero a Daniel?
7. ¿Entran los dos en la zapatería?
8. ¿Por qué no quiere Daniel entrar en la zapatería?

---

[1]**agujero** *hole*
[2]**dijiste** *you told*

C. ¿Y tú?

1. ¿Sueles ir de compras a menudo?
2. ¿Dónde te gusta hacer tus compras?
3. ¿Te gustan los grandes centros comerciales?
4. ¿Qué sueles comprar?
5. ¿Gastas mucho o solamente compras lo que necesitas?

⅃⊘ VOCABULARIO ⊘⅃

A. Match the following antonyms.

A	B
1. sacar	**a.** allá
2. comprar	**b.** pequeño
3. aquí	**c.** poner
4. hay	**d.** inteligente
5. enorme	**e.** vender
6. tonto	**f.** falta

B. Read the clues and complete the crossword puzzle that appears on the next page.

Horizontal

7. Lugar para hacer compras donde hay varias tiendas juntas
8. Sinónimo de *economizar*

Vertical

1. Tienda especializada en zapatos
2. Lo contrario de *ahorrar*
3. Hacer un préstamo
4. Lo contrario de *enemigo*
5. Persona que no es muy inteligente
6. Lo contrario de *poner*

26

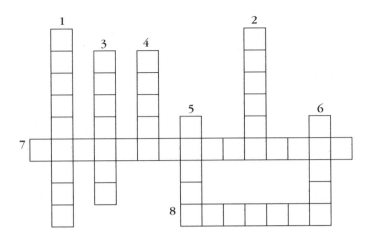

C. Write complete sentences with each of your answers from the crossword puzzle.

◖ VERBOS ◗

A. Complete each statement with either *falta* or *faltan*.

1. _____ dos días para mi cumpleaños.
2. ¿Te _____ algo?
3. Me _____ tres capítulos para terminar el libro.
4. No _____ nada en el refrigerador.
5. Siempre _____ todo en esta casa.
6. Nos _____ muchos días para llegar.

B. Complete each statement with the appropriate present-tense form of *sacarse* or *ponerse*, based on the context and the cues in parentheses.

1. ¿Qué _____ *(tú)* cuando sales por la noche?
2. ¿_____ *(nosotros)* los zapatos para entrar?
3. No sé qué _____ *(yo)* para la fiesta.
4. ¡Tú nunca _____ calcetines!
5. Cuando tiene prisa, Inés _____ cualquier cosa.
6. ¿_____ *(yo)* la chaqueta? Hace mucho calor.

✍ ESTRUCTURA ✍

A. Supply *ponerse* or *sacarse* according to the cues given. Make sure to use the appropriate pronoun.

1. Sólo me saco los zapatos en casa. Me da vergüenza _____ los zapatos en público.
2. ¿Por qué no te pones la camisa azul? ¿O prefieres _____ la amarilla?
3. Si sienten calor, pueden _____ la chaqueta.
4. ¡Son horribles! No puedo _____ estos pantalones.
5. Si tiene calor y quiere _____ la corbata, no hay problema.
6. Los niños quieren _____ la misma ropa.

B. Change each sentence to indicate that the action stated has just been performed. Follow the model.

MODEL: Te llamo por teléfono.
Me acabas de llamar por teléfono.

1. Te compro una soda.
2. Te doy un regalo.
3. Te escribo una carta.
4. Te cuento una historia.
5. Te pido ayuda.
6. Te vendo una casa.

7.
En el dormitorio de Paco

ANTES DE LEER: *¿Haces tus tareas a tiempo? ¿Por qué?*

Jorge Díaz es el padre de Paco. El señor Díaz entra en el dormitorio de Paco y ve a su hijo frente a la televisión. Le pregunta si tiene que estudiar.

PACO:　　 Hola, papá. ¿Qué tal?
SR. DÍAZ: Muy bien, hijo. Y tú, ¿qué tal el día?
PACO:　　 Bien. Gracias a Dios que es viernes.
SR. DÍAZ: ¿Tienes tarea para el lunes?

Paco:	Tengo poco que hacer.[1]
Sr. Díaz:	Déjame[2] ver lo que tienes.
Paco:	Esto es todo lo que tengo que hacer.
Sr. Díaz:	¡Pero, hijo! ¡Tienes muchísima tarea! ¿Cómo puedes decir que tienes poco que hacer?
Paco:	Porque eso es todo lo que voy a hacer: solamente un poco . . .

꞉ COMPRENSIÓN ꞉

A. Match the segments in columns A and B.

A	B
1. Paco está	**a.** poco que hacer.
2. Paco dice que tiene	**b.** mucho que hacer.
3. Paco tiene	**c.** frente a la televisión.
4. La tarea de Paco es	**d.** un poco.
5. Paco solamente va a hacer	**e.** para el lunes.

B. Contesta las preguntas con frases completas.

1. ¿Cómo se llama el padre de Paco?

2. ¿En dónde entra el padre de Paco?

3. ¿Qué hace Paco?

4. ¿Qué día es?

5. ¿Tiene Paco tarea para el lunes?

6. ¿Dice Paco que tiene mucha tarea?

7. Según el padre, ¿cuánta tarea tiene Paco?

8. ¿Cuánto piensa hacer Paco?

C. ¿Y tú?

1. ¿Tienes mucha tarea todos los días?

2. ¿Dónde haces la tarea?

3. ¿Te gusta más estudiar o hacer la tarea?

4. ¿Tienes que hacer proyectos con tus compañeros?

5. ¿Te gusta trabajar en grupo?

---

[1]**poco que hacer** *little to do*
[2]**Déjame** *Let me*

◖ VOCABULARIO ◗

A. Superlatives. To express the superlative of an adjective when no comparison is involved, a form of the suffix *-ísimo* is often used in Spanish. Example: *mucho—muchísimo.*

   (1) Adjectives ending in a vowel drop the final vowel before adding *-ísimo.*

   (2) Adjectives ending in *-co* change to *-qu* before adding *-ísimo.*

   (3) Adjectives ending in *-go* change to *-gu* before adding *-ísimo.*

Form the superlative of these adjectives using the appropriate form of *-ísimo.*

1.	famoso	**6.**	generoso
2.	cansados	**7.**	vago
3.	difícil	**8.**	guapos
4.	simpáticas	**9.**	fácil
5.	popular	**10.**	rápido

B. Write the antonyms of these words.

1.	papá	**5.**	poquísimo
2.	hijo	**6.**	todo
3.	hola	**7.**	aquí
4.	poco	**8.**	entrar

◖ VERBOS ◗

Complete these sentences using the appropriate form of the verb given in the model.

   1. El chico no *hace* nada.
   Yo _____ todo.
   Las muchachas _____ la comida.
   ¿Qué _____ tú?
   Mi amigo y yo _____ un trabajo.

   2. Tú *dices* la verdad.
   ¿Quién _____ eso?
   Ustedes _____ mentiras.
   Yo no _____ nada.
   La profesora y yo _____ que no van a venir.

3. Nosotros *tenemos* que hacer la tarea.

Yo _____ hambre.

Los estudiantes _____ que estudiar más.

Tú _____ que arreglar tu cuarto.

La alumna no _____ tarea para el lunes.

4. Yo *puedo* venir más tarde.

Los niños no _____ comer esos dulces.

El profesor _____ preguntar algo.

¿Qué _____ hacer tú?

Él y yo _____ cenar ahora.

ᗰ ESTRUCTURA ᗡ

A. Match the segments in columns A and B.

A	B
1. Yo digo	**a.** estudian mucho.
2. Antonio puede	**b.** hace muy poco en su casa.
3. Los alumnos	**c.** tengo tarea.
4. Para el miércoles, yo no	**d.** hablar con la profesora otro día.
5. Ella	**e.** que van a llegar tarde.

B. Complete the dialogue by responding to the statement or question made by the teacher.

EL PROFESOR: ¿Por qué estás tan contento(a) hoy?

TÚ: **(1)** _____

EL PROFESOR: ¿Tienes la tarea de hoy?

TÚ: **(2)** _____

EL PROFESOR: No está completa. ¿Por qué?

TÚ: **(3)** _____

EL PROFESOR: ¿Cuándo vas a terminar la tarea?

TÚ: **(4)** _____

8.
En la calle

Antes de leer: *¿Te gusta pasear en carro? ¿Adónde vas?*

Es un fin de semana y dos hermanitos juegan en la calle. De pronto, su padre sale de la casa.

ALBERTO: Mira, Luis. Allí está papá y tiene las llaves del carro en la mano.

LUIS: ¿Adónde va?

ALBERTO: No sé, pero vamos con él.

LUIS: ¡Papá, papá! ¿Vas a salir? ¿Podemos ir contigo?

EL PADRE: No, chicos. Sólo voy aquí cerca.

LUIS: ¡Pero, papá . . . !

EL PADRE: ¿No entienden? Sólo voy aquí cerca.

ALBERTO: ¡Yo quiero ir contigo, papá!

Luis: Yo también.

El padre: Bueno, pero tienen que portarse bien.

Alberto: Yo me siento al lado de papá.

Luis: No. Tú siempre te sientas al lado de él. Yo quiero ir al lado de papá.

El padre: ¡Niños, por favor! Sólo voy aquí cerca.

Luis: ¿Pero, adónde vas?

El padre: A estacionar el carro, tontuelos.*

ᗯᑫ COMPRENSIÓN ᗰᗯ

A. Select the word or expression that best completes each statement.

1. Es un (domingo, miércoles, lunes).
2. Los hermanos (corren, practican, juegan) en la calle.
3. (Otro hermano, Su papá, Su mamá) sale de la casa.
4. Tiene (el periódico, las llaves, los juguetes) en la mano.
5. Los hermanos quieren (acompañar a, jugar con, ayudar a) su padre.
6. Luis quiere sentarse (lejos de, delante de, al lado de) su padre.
7. No va a ser un viaje (corto, largo, difícil).
8. El papá va a (estacionar, lavar, limpiar) el carro.

B. Contesta las preguntas con frases completas.

1. ¿Dónde están los hermanos?
2. ¿Qué hacen?
3. ¿Quién sale de la casa?
4. ¿Qué tiene el padre en la mano?
5. ¿Qué quieren hacer los hermanitos?
6. ¿Dónde desean sentarse los dos hermanitos?
7. ¿Va a ser un viaje largo?
8. ¿Adónde va el padre?

C. ¿Y tú?

1. ¿Manejas? ¿Bien o mal?
2. ¿Tienes carro?
3. ¿Quién tiene carro en tu casa?
4. ¿De qué color es el carro?
5. ¿Te gusta ir siempre en carro o tomas también el autobús?

---

*tontuelos silly ones

❦ VOCABULARIO ❧

A. Match the words in columns A and B. Both synonyms and antonyms are included.

A	**B**
1. sale	**a.** aquí*
2. contigo*	**b.** subir
3. bien	**c.** aparcar
4. allí	**d.** entra
5. largo*	**e.** conmigo*
6. bajar	**f.** corto
7. estacionar*	**g.** mal*

B. Write a complete sentence with each of the words that are starred in Exercise A.

C. Match the word in column A with the corresponding group of expressions in column B.

A	**B**
1. llave	**a.** viajar, visitar, conocer
2. mamá	**b.** abrir, cerrar
3. calle	**c.** hacer ejercicio, nadar, sudar
4. viaje	**d.** comer, beber, pagar, pedir
5. restaurante	**e.** ir en carro, cruzar, ir a pie
6. gimnasio	**f.** ayudar, querer, cuidar

❦ VERBOS ❧

A. Complete each sentence with the appropriate form of the verbs given in the model. Change the pronouns as needed.

   1. Yo *quiero sentarme* al lado de papá.

      Ella _____ _____ con su mamá.

      Tú _____ _____ cerca del profesor.

      Uds. _____ _____ con sus amigos.

      Él y yo _____ _____ al lado de la directora.

2. El chico *tiene que portarse* bien.

Yo _____ _____ _____ mejor.

¿Quién _____ _____ _____ bien?

Tú no _____ _____ _____ mal esta vez.

Los niños _____ _____ _____ mejor.

Enrique y yo _____ _____ _____ bien en la cena.

B. Complete each sentence with the appropriate form of the verbs *jugar, entrar,* or *salir.*

1. El papá _____ de la casa a las dos.
2. Los niños _____ en el jardín.
3. La mamá _____ en la cocina.
4. Ellos _____ fútbol.
5. Tú y yo _____ a comer.
6. Me gusta mucho _____ tenis y béisbol.
7. Yo _____ del hotel.
8. Nosotros _____ muy bien.
9. Ramón y Julia _____ en el restaurante.
10. Los alumnos _____ de la clase.

⍟ ESTRUCTURA ⍟

A. Complete each sentence using *con* and a pronoun based on the model given.

MODEL: Yo voy con María. Yo voy *con ella.*

1. Elena va con la señora.
   Elena va _____.
2. Alicia y yo vamos contigo.
   Tú vas _____.
3. Tú y yo vamos al colegio.
   Yo voy _____.
4. Nosotros vamos a estudiar con Jorge.
   Jorge va a estudiar _____.
5. Voy a ir al restaurante contigo, con Juan y con Claudia.
   Voy a ir al restaurante _____.

B. Complete these sentences with the appropriate form.

| al | a la | a los | a las |

1. Yo hago planes para ir _____ aeropuerto.
2. Ella quiere ir _____ cafetería.
3. Tú sabes llegar _____ calle Ocho.
4. Yo me siento _____ lado de usted.
5. Yo salgo para el gimnasio _____ tres y diez.
6. El camarero sirve _____ clientes.
7. Usted tiene que ayudar _____ señor.

9.
En la clase de ciencias

Antes de leer: *¿Qué opinas de los programas de televisión? ¿Son educativos e informativos? ¿O simplemente divertidos? ¿O son malos y una pérdida de tiempo?*

Los alumnos están en la clase de biología y el profesor explica la lección sobre enfermedades.

El profesor: Hoy vamos a estudiar las causas y los síntomas de las enfermedades. Cuando alguien no se siente bien, probablemente está enfermo. ¿Por qué se enferman las personas?

ELISA:	Por los microbios.
EL PROFESOR:	Muy bien. Los microbios son los responsables de las enfermedades contagiosas.
ALBERTO:	Pero también hay enfermedades no contagiosas como el cáncer.
EL PROFESOR:	Tienes razón. Ahora, ¿alguien me puede dar un ejemplo de una enfermedad contagiosa?
ELISA:	La varicela.*
EL PROFESOR:	¿Me pueden dar otro ejemplo de enfermedad contagiosa?
ALBERTO:	La enfermedad del sueño.
EL PROFESOR:	Muy bien. ¿Alguien me puede decir qué causa esta enfermedad?
ELISA:	Sí, profesor: la televisión. Me hace dormir.

⊷ COMPRENSIÓN ⊶

A. Contesta las preguntas con frases completas.

1. ¿En qué clase están los alumnos?
2. ¿Quién enseña la clase?
3. ¿Sobre qué es la lección de hoy?
4. ¿Cuáles son los responsables de las enfermedades contagiosas?
5. ¿Qué ejemplo de enfermedad no contagiosa da Alberto?
6. ¿Qué ejemplo de enfermedad contagiosa da Elisa?
7. ¿Qué ejemplo de enfermedad contagiosa da Alberto?
8. ¿Qué dice Elisa que causa la enfermedad del sueño?

B. ¿Y tú?

1. ¿Te gustan las ciencias?
2. ¿Qué ciencias estudias?
3. ¿Puedes decir otros ejemplos de enfermedades contagiosas?
4. ¿Puedes decir otros ejemplos de enfermedades no contagiosas?
5. ¿Te duermes cuando miras la televisión? ¿Por qué?

---

*varicela *chicken pox*

❧ VOCABULARIO ❧

A. Group the parts of the body listed below under the appropriate category.

boca

cara

codo

cuello

dedo

dedo del pie

espalda

estómago

frente

hombro

mano

muslo

nariz

oído

ojo

pecho

pelo

pie

pulmón

rodilla

cabeza

_____ _____ _____ _____ _____

_____ _____

brazo

_____ _____ _____

tronco

_____ _____ _____ _____ _____

_____

pierna

_____ _____ _____ _____

B. Complete each statement with the appropriate part of the body. Then write the words in the appropriate place on the crossword puzzle that appears below.

Horizontal

4. La cabeza está encima del _____.
5. Hablamos con la _____.
8. Corremos con la _____.
10. Escribimos con la _____.
12. Los pulmones están en el _____.
13. Vemos con el _____.

Vertical

1. Tocamos con el _____.
2. La _____ es la parte de adelante de la cabeza.
3. Oímos con el _____.
6. Pisamos con el _____.
7. La comida va al _____.
9. Respiramos con la _____.
11. El _____ puede ser rubio, negro, etc.

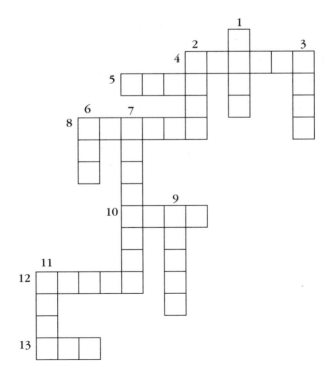

◖ VERBOS ◗

A. Complete each sentence with the appropriate form of *dormir*.

1. Yo _____ en el hotel.
2. Elena _____ en la cama.
3. Mi papá _____ en la silla.
4. Los bebés _____ ocho horas.
5. Mis amigos y yo _____ mucho.
6. Tú _____ poco.

B. Complete each sentence with the appropriate form of *sentirse*.

1. ¿Cómo _____ tú?
2. Mi abuelo y yo _____ bien hoy.
3. Tú siempre _____ muy bien.
4. Ellos _____ enfermos.
5. Yo _____ contento.
6. ¿Quiénes no _____ cansados?

◖ ESTRUCTURA ◗

Complete each sentence with the appropriate idiom with *tener*.

1. Un león entra en el cuarto; Esteban _____.
2. Vamos a un restaurante porque _____.
3. Yo respondo bien a la pregunta y el profesor dice que

    _____.
4. Tú vas a dormir mucho porque _____.
5. Tomamos un refresco cuando _____.
6. Mi padre toma dos aspirinas cuando _____ de cabeza.
7. Cuando los niños cruzan la calle, tienen que _____.
8. Hoy es el cumpleaños de Ramón y yo le pregunto:
    —¿Cuántos _____ tú?
9. Llevo suéter cuando _____.
10. Es verano. Voy a nadar en la piscina porque _____.
11. Es tarde. Los niños no van a poder desayunar porque

    _____.

10.
En una fuente de los deseos

ANTES DE LEER: *¿Qué deseo te gustaría ver satisfecho?*

Juan y su esposa están de vacaciones en Madrid. Hoy van a hacer una excursión para conocer sitios famosos de la capital de España. Ahora llegan a una fuente de los deseos.

JUAN: Creo que ya llegamos. ¡Qué bonita fuente! ¿Qué dice en la guía turística?

MARÍA: Es una fuente de los deseos. Es muy antigua y tiene fama de dar buena suerte a las personas que la visitan.

JUAN: ¿Dice otra cosa?

MARÍA: También dice que, si tiras una moneda a la fuente,
tus deseos se satisfacen.*
JUAN: ¿Tiramos una moneda?
MARÍA: Sí, pero no tengo monedas.
(Juan busca en todos los bolsillos.)
JUAN: Ni yo tampoco. Pero tengo una tarjeta de crédito . . .

⟪ COMPRENSIÓN ⟫

A. Indicate whether these statements are true or false. Write *V* for
verdadero and *F* for *falso*. If the statement is false, correct it to
make it true.

1. (   ) Juan y su esposa están de vacaciones.
2. (   ) Están en la ciudad de Sevilla.
3. (   ) Barcelona es la capital de España.
4. (   ) Hoy van a hacer una excursión a sitios famosos.
5. (   ) Llegan a un puente antiguo.
6. (   ) María lee la descripción de la fuente en un periódico.
7. (   ) La fuente da buena suerte a las personas que la visitan.
8. (   ) María tiene solamente una moneda.

B. Contesta las preguntas con frases completas.

1. ¿En qué país están Juan y su esposa?
2. ¿Qué hacen allí?
3. ¿Qué van a hacer hoy?
4. ¿Adónde llegan ahora?
5. ¿Qué clase de fuente es? ¿Cómo es?
6. ¿Qué dicen que pasa si tiras una moneda a la fuente?
7. ¿Tiene María monedas?
8. ¿Tiene Juan monedas? ¿Qué tiene?

C. ¿Y tú?

1. ¿Dónde vas a pasar las vacaciones?
2. ¿Te gusta hacer excursiones por la ciudad?
3. ¿Qué lugares te gusta visitar?
4. ¿Tienes en este momento monedas?
5. ¿Tienes en este momento una tarjeta de crédito?

---

*tus deseos se satisfacen
your wishes come true

44

◄੬ VOCABULARIO ੭►

A. Cognates. Many words that end in *-ry* in English have a Spanish equivalent ending in *-rio* or *-ria*. Example: *legendary—legendario(a)*. Write the Spanish equivalent of these words.

1. diary
2. honorary
3. primary
4. ordinary
5. canary
6. secondary
7. planetary
8. sanitary
9. exploratory
10. laboratory
11. territory
12. secretary
13. extraordinary
14. observatory
15. centenary

B. Match these synonyms.

A	**B**
1. esposo	**a.** gente
2. famoso	**b.** querer
3. bonita	**c.** vieja
4. antigua	**d.** marido
5. desear	**e.** linda
6. personas	**f.** ilustre

C. Match these antonyms.

A	**B**
1. marido	**a.** feo
2. famosa	**b.** salir
3. bonito	**c.** moderno
4. llegar	**d.** también
5. tampoco	**e.** malo
6. ninguna	**f.** esposa
7. antiguo	**g.** todas
8. bueno	**h.** desconocida

◖ VERBOS ◗

A. Contesta las preguntas con frases completas. Use the verb in each question to form your answer.

1. ¿Uds. pagan con tarjeta de crédito?
2. ¿Tienes mucho dinero?
3. ¿Creen Uds. en la suerte?
4. ¿Qué busca el hombre del diálogo?
5. ¿Quieres hacer un viaje a Madrid?
6. ¿A qué hora llegas a la escuela?
7. ¿Siempre dices la verdad?
8. ¿Qué haces en la clase?

B. Write in the crossword puzzle the verbs from your answers in Exercise A.

ᴄᴏ ESTRUCTURA ᴏ

A. Complete these sentences with the appropriate form of the adjectives provided.

1. Es una fuente _____.   *(antiguo)*
2. Ella lee la guía _____.   *(turístico)*
3. Juan desea tener _____ suerte.   *(bueno)*
4. Los sitios de Madrid son muy _____.   *(bonito)*
5. El Prado es un museo _____.   *(famoso)*
6. Su esposa no tiene _____ moneda.   *(ninguna)*
7. Buscan monedas en _____ los bolsillos.   *(todo)*
8. Visitar las plazas de Madrid es una   *(interesante)*
   experiencia _____.
9. La Gran Vía es una _____ avenida de   *(largo)*
   Madrid.
10. Los turistas están _____.   *(feliz)*

B. Complete each statement with the appropriate adjective from the right column.

	A	**B**
1.	Madrid es una ciudad _____.	**a.** cómodos
2.	¡Qué _____ fuente!	**b.** buena
3.	Ellos no tienen _____ dinero.	**c.** mucho
4.	La fuente da _____ suerte.	**d.** importante
5.	Compramos una guía _____.	**e.** turística
6.	Los turistas hacen _____ excursiones.	**f.** hermosa
7.	Los autobuses son muy _____.	**g.** varias

C. Complete the following passage by inserting the necessary words from those given below.

Los turistas llegan a España. Están en la **(1)** _____ de Madrid, que tiene muchos lugares **(2)** _____ y famosos. Los turistas van a ver la Plaza de España, donde **(3)** _____ una estatua de don Quijote y su amigo Sancho Panza. Los monumentos **(4)** _____ la ciudad **(5)** _____ antiguos. Los **(6)** _____ admiran los lugares que visitan: ¡Qué **(7)** _____ fuente! ¡Qué **(8)** _____ museo! Pero ya tienen prisa **(9)** _____ tienen que regresar **(10)** _____ hotel a las cinco.

al	buen	de	interesantes	son
bonita	ciudad	hay	porque	turistas

11.
En el colegio

ANTES DE LEER: *¿Cómo te preparas para los exámenes? ¿Te parece un buen plan? ¿Por qué?*

Alicia encuentra a su compañero Roque en el pasillo del colegio. Roque no se ve muy bien.

ALICIA: ¡Qué cara tienes! ¿Qué te pasa?
ROQUE: Es que pasé toda la noche en vela[1] estudiando.
ALICIA: ¿Estudiando? ¡Pero qué chico más estudioso!
ROQUE: ¿Y tú no estudiaste?[2]

---

[1] **pasé . . . en vela**
   I stayed up all night
[2] **¿. . . no estudiaste?**
   didn't you study?

ALICIA: No, para nada.

ROQUE: ¡Qué fresca eres! No sé cómo piensas aprobar el examen.

ALICIA: Voy a estudiar hoy.

ROQUE: Pero en dos horas no vas a poder repasar nada.

ALICIA: ¿Dos horas?

ROQUE: Sí, el examen es en dos horas.

ALICIA: Siento decepcionarte, Roque; pero el examen es mañana.

ᘓ COMPRENSIÓN ᘔ

A. Indicate whether these statements are true or false. Write *V* for *verdadero* and *F* for *falso*. If the statement is false, correct it to make it true.

1. (F) Alicia ve a Roque en el patio del colegio.
2. (T) Alicia ve a una compañera en el pasillo del colegio.
3. (F) Alicia no se ve muy bien.
4. (T) Roque no se ve muy bien.
5. (T) Roque pasó toda la noche estudiando.
6. (F) Alicia también estudió mucho para el examen.
7. (T) Alicia va a estudiar ese día para el examen.
8. (T) El examen es al día siguiente.

B. Contesta las preguntas con frases completas.

1. ¿Dónde se encuentran Alicia y Roque? *school hallway*
2. ¿Se ve bien Roque? *No*
3. ¿Por qué se ve así? *tired*
4. ¿Para qué ha estudiado Roque? *the test/exam*
5. ¿Alicia ha estudiado toda la noche también? *No*
6. ¿Cuándo piensa estudiar ella?
7. ¿Cuándo cree Roque que es el examen? *two hours*
8. ¿Cuándo es el examen en realidad? *tomorrow*

C. ¿Y tú?

1. ¿Estudias un poco todos los días o lo dejas para el día antes del examen? *leave it the day before the test*
2. ¿Puedes aprender si estudias todo el día o la noche antes del examen? ¿No tienes sueño durante el examen? *night before*
3. ¿Qué materias te gustan más? ¿Por qué? *english; easy*
4. ¿Qué materias son las que menos te gustan? *math*
5. ¿Estudias otros idiomas además del español? ¿Cuáles? *No*

✎ VOCABULARIO ✎

A. Match the noun in column A with the corresponding verb in column B.

A	B
1. fresco	**a.** examinar
2. prueba	**b.** encontrar
3. examen	**c.** refrescar
4. sentimiento	**d.** pensar
5. encuentro	**e.** sentir
6. pensamiento	**f.** aprobar

B. Complete each sentence with an appropriate adjective from the words below.

1. Creo que las chicas están tristes. No se ven muy _____.
2. Los veo un poco _____.
3. La jefa de mi amigo se ve muy _____.
4. Jorge habla poco. Se ve bastante _discreto_
5. Las clientas no están muy satisfechas. Las veo algo

   _____.
6. El muchacho sólo tiene 19 años pero se ve _maduro_

animated	determined	discrete
animadas	decidida	discreto
disgustados	enojadas	maduro
upset	angry	mature

✎ VERBOS ✎

A. Complete each statement with the appropriate gerund.

1. Estoy preparado para cualquier examen. Paso todas las tardes _____.
2. Graciela y Nadia son chicas muy trabajadoras. Pasan todos los sábados _____ en la oficina.
3. ¡Estás adicto a la televisión! Pasas todo el día _____ la tele.
4. Jordi es un maniático de la limpieza. Pasa todo los fines de semana _____ la casa.
5. Duermo muchísimo. Paso casi todo el día _____.
6. La cuenta de teléfono de los Gómez es enorme. Los hijos pasan horas _____ por teléfono.

B. Verb review. Complete these sentences with the present-tense form of the verbs indicated.

1. Tú _prefieres_ ensalada. *(preferir)*
2. Haz lo que yo _deco_. *(decir)*
3. Guillermo _tene_ tres perros. *(tener)*
4. Nuestros compañeros _estan_ cansados. *(estar)*
5. Clara y yo _queremos_ir al club esta noche. *(querer)*
6. Eso es todo lo que yo _sabo_. *(saber)*
7. Darío y yo _entramos_ en el restaurante. *(entrar)*
8. Hoy, yo _salo_ a las dos de la tarde. *(salir)*
9. Necesito lápices y _____ a comprarlos mañana. *(ir)*
10. Los invitados no _comen_ a esta hora. *(comer)*
11. Nosotros _____ a _regresamos_ México esta noche. *(regresar)*
12. ¿Cuándo _viaja_ usted? *(viajar)*
13. Yo soy impaciente, pero tú _s_____ más. *(ser)*
14. ¿Qué _desea_ esas señoras? *(desear)*
15. Como siempre, yo _hago_ todas mis tareas. *(hacer)*
16. Yo _pongo_ la mesa, si quieres. *(poner)*

C. Use verbs selected from the list above to write five complete sentences.

Yo como un hamberguesa.
Dani y yo queremos ir al club esta noche.
Nosotros regremos a U.S esta noche
Yo soy maduro
Tu prefieres cereal.

52

◖ ESTRUCTURA ◗

A. Write responses to the following questions using the expression *Es que* and the expression provided.

MODEL: ¡Qué cara tienes! ¿Qué te pasa?   *(estar muy cansado)*
  Es que estoy muy cansado.

1. ¿Por qué no terminas hoy la tarea?   *(no tener tiempo)*
2. ¿Por qué no vienes a mi casa? `   *(quedar lejos)*
3. ¿Por qué no jugamos fútbol esta tarde?   *(tener que estudiar)*
4. ¿Por qué no vemos esta película?   *(no gustar)*
5. ¿Por qué no compras esos zapatos?   *(ser muy caro)*
6. ¿Por qué no me llamas?   *(no funcionar el teléfono)*

B. Change each declarative sentence to an exclamation. Use the adjectives given below.

MODEL: Esta chica estudia mucho.
  ¡Qué chica más estudiosa!

1. Este joven trabaja mucho.
2. La casa de ellos es carísima.
3. Esta persona sabe mucho de ciencias.
4. Los chicos del colegio sólo hablan de fútbol.
5. Esta señora siempre ayuda a los demás.
6. Mi perro ladra a todas horas.

aburridos	humana	ruidoso
cara	inteligente	trabajador

12.
En el consultorio médico

Antes de leer: *¿Tienes miedo a las inyecciones? ¿Por qué?*

Juan pide cita con el médico y va con su madre al consultorio.
Él está nervioso porque le van a aplicar una inyección.

LA MADRE: Juan, no tienes que preocuparte. Las inyecciones no
               duelen. Es sólo un pinchazo[1] y ya.
EL HIJO: Mamá, yo no les tengo miedo a las inyecciones. A mí
               no me duelen.
LA MADRE: ¿Pero no recuerdas tus gritos la última vez que te
               pusieron una inyección?[2]

---

[1]**pinchazo** *sting*
[2]**te pusieron una inyección**
   they gave you an injection

EL HIJO: ¿Qué gritos? Exageras. Tú sabes que no les tengo miedo. *(Llega un enfermero y le aplica la inyección. El joven se desmaya.)[3]*

LA MADRE: ¿Te sientes bien, hijo?

EL HIJO: Perfectamente. Ahora ves que no les tengo miedo a las inyecciones. No sentí[4] nada.

LA MADRE: Claro. ¿Cómo vas a sentir nada estando desmayado?

◖ COMPRENSIÓN ◗

A. Number these statements (1–7) according to their sequence in the dialogue.

2 (T) Juan va al consultorio con su madre.

6 (F) Juan se desmaya.

4 (F) La madre de Juan trata de calmarlo.

1 (T) Juan pide cita con el médico.

7 (F) Un enfermero le aplica la inyección.

3 (T) Al llegar, Juan está muy nervioso.

5 (T) Juan dice que su madre exagera.

B. Contesta las preguntas con frases completas.

1. ¿Dónde están Juan y su madre? *El medico*
2. ¿Está nervioso Juan? *Si*
3. ¿Por qué? *El y madre estan un medico*
4. ¿Qué le dice su madre?
5. ¿Crees que Juan gritó la última vez que le pusieron una inyección? *Si inyeccion*
6. ¿Qué pasa esta vez?
7. ¿Qué dice Juan después de que le aplican la inyección?
8. ¿Crees que Juan en realidad le tiene miedo a las inyecciones?

C. ¿Y tú?

1. ¿Vas al consultorio médico sólo cuando te enfermas?
2. ¿Cuándo fue la última vez que fuiste al médico?
3. ¿Le tienes miedo a las inyecciones?
4. ¿Cuándo fue la última vez que te pusieron una inyección?
5. ¿Qué inyección te pusieron?

injections – injectiones
pinchazo – pinch or sting
miedo – fear, to be scared
gritos – screams, yells
exaheras – exaggerate
des maya – faints

---

[3]**se desmaya** *faints*
[4]**No sentí** *I didn't feel*

55

◖ VOCABULARIO ◗

A. Find the word that does not fit in the group.

1. preocupada	(alta)	nerviosa	contenta
2. médico	enfermero	dentista	(taxista)
3. examen	prueba	(paso)	evaluación
4. amistad	peso	altura	edad
5. frío	calor	miedo	dinero
6. primera	segunda	nunca	(última)

B. Cognates. Many words that end in *-ent* in English have a Spanish equivalent ending in *-ente*.

Example: *present—presente*. Write the Spanish equivalents of these words.

1. evident *evidente*

2. resident *residente*

3. incident *incidente*

4. continent *continente*

5. orient *oriente*

6. pertinent *pertinente*

7. agent *agente*

8. permanent *permanente*

◖ VERBOS ◗

A. Supply the appropriate form of the verbs *sentir* or *sentirse*.

1. De veras, yo lo _sento_ muchísimo.

2. ¿Cómo _____ usted, señora?

3. Oye, Alfredo. ¿Pero tú no _____ frío? Sólo llevas una camiseta.

4. Tenemos dolor de cabeza y no _____ muy bien.

5. Ellos no pueden _____ el sabor de la comida.

6. Las niñas _____ mejor hoy.

B. Supply the appropriate form of the verb *doler* and the correct object pronoun.

1. A Liliana _____ _____ algo.

2. No me siento bien. _____ _____ mucho la espalda.

3. Y ahora, ¿qué _____ _____ a usted?

4. ¡Dos horas caminando! Imagino que a ti _____ _____ los pies.

5. ¡No podemos hacer más ejercicio! _____ _____ todo el cuerpo.

6. A ustedes _____ _____ la cabeza.

⟪ ESTRUCTURA ⟫

A. Write an appropriate question for each statement according to the cue. Use the correct object pronoun.

1. Me pusieron la inyección *esta mañana.*
2. A Raúl le pusieron la inyección *en el brazo.*
3. Nos pusieron una inyección *porque estamos enfermas.*
4. Creo que le pusieron *dos inyecciones.*
5. La última vez que te pusieron una inyección *fue hace dos años.*
6. *A ellas* no les pusieron inyección.

B. Complete the following dialogue by inserting the necessary words from those given below.

GABRIEL: Oye, ¿quieres ir a comer algo?
NATI: Hoy no. **(1)** _Me duele_ un poco la espalda.
GABRIEL: ¿**(2)** _____ la espalda? Pues, **(3)** _a mí_ me duele la cabeza e igual voy. Vamos . . .
NATI: Bueno, está bien. ¿Adónde **(4)** _____ ir?
GABRIEL: Vamos al **(5)** _café_ de la plaza.
         (En el café, Nati sólo pide un refresco pero Gabriel pide un plato de espaguetis, jugo y helado de postre. Llega el mesero con la cuenta.)
GABRIEL: Bueno, yo pago la mitad.
NATI: ¿La mitad? **(6)** _____, yo creo que **(7)** _quieres_ no te duele la cabeza. ¡Te duele el bolsillo!

a mí	me duele	café	te duele
a ti	oye	quieres	

57

13.
En la fiesta

ANTES DE LEER: *Bailar es una actividad muy divertida. ¿Qué tal bailas tú?*

Una pareja de jóvenes está en una fiesta en casa de Eugenia. La fiesta está muy animada y la gente se está divirtiendo muchísimo.

EL CHICO: ¡Está muy buena la fiesta de Eugenia! ¿No crees?
LA CHICA: Sí, me estoy divirtiendo mucho.
EL CHICO: Yo también me divierto siempre en las fiestas que hace.
　　　　　　(La orquesta empieza a tocar.)
EL CHICO: ¿Bailamos?
LA CHICA: Pero tú no sabes bailar.
EL CHICO: ¡Cómo que no sé bailar!

LA CHICA: Te repito: no sabes bailar.

EL CHICO: ¿Ah, sí? Ven y te muestro.

(Los chicos van a la pista de baile y bailan un rato.)

EL CHICO: Y ahora, ¿qué opinas?

LA CHICA: Mira: si no tenemos en cuenta los diez puntapiés[1] que me diste[2], te diría[3] que bailas bastante bien.

◄ COMPRENSIÓN ►

A. Indicate whether these statements are true or false. Write *V* for *verdadero* and *F* for *falso*. If the statement is false, correct it to make it true.

1. (T) Hay una fiesta en casa de Eugenia.
2. (F) La fiesta está muy aburrida.
3. (F) La gente no se está divirtiendo.
4. (F) La pareja de jóvenes se está divirtiendo mucho.
5. (T) Al chico le gustan las fiestas de Eugenia.
6. (T) Los chicos no van a bailar porque la chica no quiere.
7. (F) La chica opina que el chico no sabe bailar.
8. (T) El chico baila muy bien.

B. Contesta las preguntas con frases completas.

1. ¿Dónde está la pareja de jóvenes?   no
2. ¿Dónde es la fiesta?   Si
3. ¿Cómo está la fiesta?   Si
4. ¿Se está divirtiendo la gente?   Si
5. ¿Se está divirtiendo la pareja de jóvenes?   Si
6. ¿Qué dice el chico cuando la orquesta comienza a tocar?   no
7. ¿Los dos van a la pista a bailar o no?   Si
8. ¿Cómo baila el chico?   Si

C. ¿Y tú?

1. ¿Te gustan las fiestas?
2. ¿Vas a fiestas a menudo?
3. ¿Sueles ir solo(a), con tu pareja o en grupo?
4. ¿Sabes bailar?
5. ¿Qué te gusta más para bailar: música lenta o música rápida?
6. ¿Sabes bailar música tropical?

---

[1]**puntapiés** *kicks*
[2]**diste** *you gave*
[3]**diría** *I would say*

◖ VOCABULARIO ◗

A. **Write** the superlative of these adjectives using a form of *-ísimo*.

1. contentos
2. nerviosa *nerviosimo*
3. alto *altoismo*
4. preocupadas
5. muchos *muchoísimo*
6. delicados *delicadism*

7. inteligente *inteligentisimo*
8. excelente *exeelentisimo*
9. ilustre
10. eminente *eminenteismo*
11. viejos
12. rápidas

B. **Match** each superlative in column A with the appropriate adjective in column B.

A	B
1. buenísimo	**a.** caro
2. riquísima	**b.** bueno
3. malísimas	**c.** rica
4. feísimos	**d.** malas
5. carísimo	**e.** feos

C. **Use** the adjectives from the second column of Exercise B to write five sentences following the model.

MODEL: caro

Ese carro es el más caro de todos.

◖ VERBOS ◗

A. **Complete** the sentences with the appropriate form of *divertirse*.

1. Mi novia y yo _____ muchísimo cuando vamos a una fiesta.
2. Tienes que salir. Tú nunca _____.
3. Queremos _____ un poco más.
4. Son niños muy buenos. _____ con cualquier cosa.
5. Mi hermano _____ mucho cuidando a los niños.
6. ¡Qué aburrido eres! No sabes _____.

B. Supply the appropriate present-progressive form (*estar* + gerund) of the verbs in parentheses.

1. La clase _____ mucho con la película. *(divertirse)*

2. Los chicos _____ ahora del colegio. *(llegar)*

3. No los llames porque _____. *(almorzar)*

4. Voy más tarde porque _____ una película. *(ver)*

5. Oye, más rápido. ¿Qué _____? *(hacer)*

6. Andrés me _____ siempre. *(molestar)*

⟪ ESTRUCTURA ⟫

Write an exclamation for each statement. Follow the model.

MODEL: Bailas muy mal.
   ¡Cómo que bailo mal!

1. No sé bailar.
2. Tenemos vergüenza.
3. Cantas muy mal.
4. Creo que no pueden venir.
5. Opino que son malísimos actores.
6. No sabemos dónde está.
7. Dice que no sabe tu dirección.
8. No conozco París.
9. Les tengo miedo a las inyecciones.
10. No lo conoces.

14.
En el restaurante

ANTES DE LEER: *¿Comes de todo o sigues una dieta especial?*

Es un viernes por la noche. Rocío llama a su amiga Inés y la invita al club a cenar.

Rocío: ¿Qué te parece el restaurante del club? Es estupendo, ¿no?
INÉS: ¡Sí, y muy lujoso! Oye, gracias por la invitación.
Rocío: Es un placer. ¿Qué quieres comer?
INÉS: Yo como de todo. Pide tú.
Rocío: ¿Qué tal[1] un filete de pescado?
INÉS: El pescado no me sienta muy bien.
Rocío: ¿Y un filete de res?

---
[1]**qué tal** + noun *how about*

INÉS: La verdad es que la carne roja es un poco pesada.

Rocío: ¿Y si pedimos pollo al horno?

INÉS: Prefiero pavo porque es menos graso.

Rocío: Hoy no sirven pavo. ¿Y una sopa? Creo que te va a sentar bien.

INÉS: Prefiero otra cosa.

Rocío: Oye, chica, menos mal que comes de todo. ¿Por qué no eliges[2] tú, mejor?

✎ COMPRENSIÓN ✎

A. Indicate whether these statements are true or false. Write *V* for *verdadero* and *F* for *falso*. If the statement is false, correct it to make it true.

1. (F) Inés llama a Rocío.
2. (F) Rocío invita a Inés a cenar.
3. (T) Rocío e Inés van al club a cenar.
4. (T) A Inés no le gusta mucho el restaurante.
5. (F) A Inés el pescado le sienta mal.
6. (F) Inés quiere comer carne de res.
7. (T) Inés no desea sopa y prefiere otra cosa.
8. (F) Inés come de todo.

B. Contesta las preguntas con frases completas.

1. ¿Para qué llama Rocío a Inés?
2. ¿Adónde la invita a cenar Rocío?
3. ¿Qué opina Inés del restaurante?
4. Al principio, ¿quién va a pedir la comida?
5. ¿Van a pedir pescado las chicas?
6. ¿A Inés le sienta bien la carne de res?
7. ¿Desea sopa Inés?
8. Al final, ¿quién pide la comida?

C. ¿Y tú?

1. ¿Sueles salir a comer con tu familia o tus amistades?
2. ¿Prefieres comer en casa o en restaurantes? ¿Por qué? *casa*
3. ¿Qué tipo de comida te gusta?
4. ¿Qué comen en tu casa? *food ; salad*
5. ¿Cocinan o compran comida hecha?

---

[2]**eliges** *(you) choose*

☙ VOCABULARIO ❧

A. Adjective formation. Many Spanish adjectives are formed by adding a form of the suffix *-oso* to the stem of a noun. Based on the noun in parentheses, form the corresponding adjective to complete each sentence.

1. Conozco a unas personas _maravilloso_   *(maravilla)*

2. Vivimos en un lugar _montanoso_   *(montaña)*

3. Nuestra casa es bastante _espacioso_   *(espacio)*

4. Voy a cenar a un restaurante muy _lujoso_.   *(lujo)*

5. ¡Qué situación _desastroso_   *(desastre)*

6. Es una noche _glorioso_   *(gloria)*

7. Las niñas son muy _estudioso_   *(estudio)*

8. Estas obras son _monstruoso_   *(monstruo)*

B. Find the word that does not fit in the group.

1.	cenar	bailar	almorzar	~~desayunar~~
2.	atún	salmón	~~res~~	sardina
3.	manzana	lechuga	~~pera~~	naranja
4.	hermosa	laboriosa	~~salsa~~	costosa
5.	heladería	pizzería	hamburguesería	tubería

ᙥ VERBOS ᙩ

A. Complete the sentences with the appropriate object pronoun and the correct form of the verb in parentheses.

1. A mí las nueces no _____ _sentan_ bien. *(sentar)*

2. A Federico y a mí _me_ _molesto_ los lugares ruidosos. *(molestar)*

3. A ti _te_ _dolor_ todo el cuerpo. *(doler)*

4. A mi familia no _gusta_ _____ los viajes largos. *(gustar)*

5. A los niños _sentan_ _____ mal el pescado. *(sentar)*

6. A ustedes _encantan_ _la_ bailar. *(encantar)*

B. Supply the appropriate form of the verbs in parentheses.

1. El pescado les va a _senta_ bien. *(sentar)*
2. Nos _molestan_ todo. *(molestar)*
3. A ti siempre te _dolor_ algo. *(doler)*
4. Ya no me _gusta_ los juegos de tenis. *(gustar)*
5. A ustedes les _senta_ mal comer muy tarde. *(sentar)*
6. A Fabiola le _encantar_ el chocolate. *(encantar)*
7. Te va a _gustas_ la comida de mi madre. *(gustar)*
8. Creo que le van a _molesta_ tus comentarios. *(molestar)*

C. Use your answers from Exercise B to write five complete sentences.

ᴥ ESTRUCTURA ᴥ

Complete the following dialogue by inserting the necessary words from those given below.

CAROLINA: ¿Qué **(1)** _____ si salimos a comer algo?

ESTEBAN: **(2)** _____ estupendo.

CAROLINA: ¿**(3)** _____ no vamos a este restaurante?

ESTEBAN: A ver. ¿Qué quieres comer?

CAROLINA: ¿**(4)** qué tal un pollo al horno?

ESTEBAN: Buena idea. Para mí **(5)** me encanta

CAROLINA: ¿Y qué quieres **(6)** _____?

ESTEBAN: Yo quiero un jugo de piña bien **(7)** helado.

CAROLINA: Yo voy a pedir una limonada. ¡**(8)** también!

helado	me parece	qué tal	te parece
me encanta	por qué	también	tomar

15.
En la tiendita

x

ANTES DE LEER: *Mucha gente está a dieta para perder peso, y algunas de estas dietas son muy extrañas. ¿Qué opinas de tales dietas?*

Una señora entra a una tiendita para comprar unas cosas para comer. La dependienta la atiende.

LA DEPENDIENTA: ¿Qué desea, señora?

LA SEÑORA: Quiero algo sabroso para llevar a la casa. ¿Qué tienen hoy?

LA DEPENDIENTA: Acabamos de hacer unas tortillas españolas y están bien calentitas.[1]

---

[1] **calentitas** (diminutive of *caliente*) *hot*

67

LA SEÑORA:	¡Qué bien huelen! Déme[2] una, por favor.
LA DEPENDIENTA:	Muy bien. ¿La corto yo o la lleva entera?
LA SEÑORA:	Córtela usted, por favor.
LA DEPENDIENTA:	¿Quiere seis u ocho rebanadas?
LA SEÑORA:	Seis, por favor, porque estoy a dieta.

⒢ COMPRENSIÓN ⒬

A. Select the word or expression that best completes each statement.

1. La señora está en una (farmacia, tiendita, librería).
2. Desea comprar algo (caro, caliente, sabroso).
3. La señora pregunta lo que tienen (hoy, en la farmacia, en la caja).
4. En la tiendita (acaban de, van a, quieren) hacer unas tortillas bien calentitas.
5. Las tortillas españolas (comen, huelen, beben) bien.
6. La dependienta va a (cortar, preparar, comprar) la tortilla española.
7. La señora quiere seis (tortillas, huevos, rebanadas).
8. La señora dice que está (a dieta, triste, cansada).

B. Contesta las preguntas con frases completas.

1. ¿Dónde entra la señora?
2. ¿Qué desea?
3. ¿Qué pregunta la señora a la dependienta?
4. ¿Qué acaban de preparar en la tiendita?
5. ¿Cómo están las tortillas?
6. ¿Cuántas tortillas compra la señora?
7. ¿Cuántas rebanadas desea?
8. ¿Por qué quiere esa cantidad de rebanadas?

C. ¿Y tú?

1. ¿Dónde compras la comida?
2. ¿Hay una tiendita cerca de donde vives?
3. ¿Hay un supermercado cerca?
4. ¿Conoces la tortilla española? ¿Te gusta?
5. ¿Estás a dieta? ¿Por qué?

---

[2]**Déme** *Give me*

ᥬ VOCABULARIO ᥬ

A. Match these synonyms.

A	B
1. cliente	**a.** sabrosa
2. dependiente	**b.** hacer
3. rica	**c.** dividir
4. todavía	**d.** comprador
5. cortar	**e.** vendedor
6. preparar	**f.** aún

B. Match the workplaces with the corresponding workers.

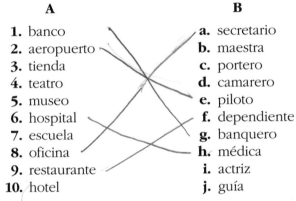

A	B
1. banco	**a.** secretario
2. aeropuerto	**b.** maestra
3. tienda	**c.** portero
4. teatro	**d.** camarero
5. museo	**e.** piloto
6. hospital	**f.** dependiente
7. escuela	**g.** banquero
8. oficina	**h.** médica
9. restaurante	**i.** actriz
10. hotel	**j.** guía

C. Match the worker in column A with a related verb or idiom in column B.

A	B
1. secretario	**a.** volar
2. maestra	**b.** actuar
3. portero	**c.** pagar
4. camarero	**d.** vender
5. piloto	**e.** mostrar y explicar
6. dependiente	**f.** servir
7. banquero	**g.** contestar el teléfono
8. médica	**h.** abrir la puerta
9. actriz	**i.** enseñar la lección
10. guía	**j.** curar

D. Write complete sentences with five nouns and verbs from Exercise C.

✒ VERBOS ✑

A. Complete each sentence with the appropriate form of *oler*.

1. Las tortillas _olen_ bien.
2. Yo _olo_ la sopa.
3. Pepe y yo _olemos_ la torta.
4. Tú _ole_ las flores.
5. Algo _____ riquísimo.

B. Complete each sentence with the appropriate form of *acabar*.

1. Yo _acabo_ de preparar la cena.
2. El señor _acaba_ de salir.
3. Nosotros _acabamos_ de ver la película.
4. Ellos _acaban_ de enviar la carta.
5. Tú _acabas_ de comer el pastel.

✒ ESTRUCTURA ✑

A. Replace the direct object noun with the corresponding direct object pronoun in each statement.

MODEL: Yo necesito *el periódico.*
Yo *lo* necesito.

1. Ella compra la llave.
2. Uds. buscan a los camareros.
3. Yo pido tres hamburguesas.
4. Los turistas visitan el museo.
5. Ella y yo miramos la bicicleta.
6. El director hace una promesa.
7. Pepe ve a los actores.
8. Anita recibe un reloj.
9. Los niños lavan los carros.
10. Los señores leen la carta.

B. Complete these sentences with the appropriate direct object pronoun.

1. Necesito el coche, pero María _____ tiene.
2. Ella quiere comprar tortillas, pero no _____ ve.
3. Lourdes toca a la puerta y su madre _____ abre.
4. Ellos piden cinco rebanadas, pero Juan _____ come.
5. El camarero trae el consomé y _____ sirve.
6. El aduanero abre las maletas y _____ revisa.
7. Yo entrego un cheque y el cajero _____ cambia.
8. El pasajero firma la declaración y el aduanero _____ acepta.
9. Mi mamá prepara comida y yo _____ como.
10. Mi esposo me da unos regalos y yo _____ abro.

16.
En la tintorería

Antes de leer: *¿Llevas tu ropa a la tintorería? ¿Y cómo reaccionas si te pierden algo?*

Una señora entra en la tintorería para recoger su vestido. Habla con el tintorero.

El tintorero: Buenas tardes, señora.
La señora: Buenas tardes. ¿Ya está listo mi vestido?
El tintorero: Creo que sí. ¿Tiene usted el recibo?
La señora: Aquí tiene.
(*El tintorero busca el vestido y unos minutos después . . .*)
La señora: ¿No lo encuentra?

EL TINTORERO: No, señora. Se perdió.[1]

LA SEÑORA: ¿Cómo que se perdió el vestido? Es un vestido muy caro y muy fino.

EL TINTORERO: Lo siento, se perdió. Ah, usted todavía me debe algo. Déjeme ver . . .

LA SEÑORA: ¿Yo le debo a usted? ¡Pero esto es un insulto!

EL TINTORERO: Sí, me debe el importe[2] del lavado, porque limpiamos su vestido antes de perderlo.

◖◖ COMPRENSIÓN ◗◗

A. Match the segments in columns A and B.

A	**B**
1. Una señora va	**a.** al tintorero.
2. Ella quiere recoger	**b.** es un vestido caro.
3. La señora le da el recibo	**c.** la señora le debe dinero.
4. El tintorero no puede	**d.** antes de perderlo.
5. La señora dice que	**e.** su vestido.
6. El tintorero dice que	**f.** encontrar el vestido.
7. La tintorería limpió el vestido	**g.** a la tintorería.

B. Contesta las preguntas con frases completas.

1. ¿Adónde va la señora?
2. ¿Qué pregunta al tintorero?
3. ¿Qué le pide el tintorero?
4. ¿Encuentra el tintorero el vestido de la señora?
5. ¿Por qué no lo encuentra?
6. ¿Cómo es el vestido?
7. Según el tintorero, ¿la señora le debe algo?
8. ¿Por qué dice el tintorero que la señora le debe algo?

C. ¿Y tú?

1. ¿Cada cuánto lavas la ropa?
2. ¿Vas a una lavandería automática o lavas la ropa en casa?
3. ¿Hay una lavandería cerca de tu casa?
4. ¿Qué ropa llevas a la tintorería?
5. ¿Cuánto cuesta el lavado?

---

[1]**Se perdió** *It was lost*
[2]**importe** *amount of money*

◖Ꮳ VOCABULARIO Ꮳ◗

A. Match these synonyms.

A	B
1. señora	**a.** hallar
2. recoger	**b.** más tarde
3. creer	**c.** mujer
4. encontrar	**d.** pensar
5. después	**e.** buscar

B. Match these antonyms.

A	B
1. perder	**a.** antes
2. limpiar	**b.** señor
3. dama	**c.** ensuciar
4. más tarde	**d.** dudar
5. creer	**e.** hallar

C. Match the segments in columns A and B.

A	B
1. A Félix no le gustan	**a.** son muy pequeños.
2. Ana siempre lleva falda	**b.** es finísimo.
3. Estos zapatos	**c.** el pañuelo que lleva.
4. Yo nunca uso chaleco	**d.** las camisas a rayas.
5. El vestido de Inés	**e.** con el traje.
6. Es muy elegante	**f.** larga.

D. Select the clothing item that best completes each sentence.

1. Las mujeres llevan (el pañuelo, la falda, la camisa) en el cuello o en el hombro.
2. A muchos hombres no les gusta usar (corbata, zapatos, camisa) porque no pueden respirar.
3. Me pongo (la gorra, el chaleco, los guantes) en las manos.
4. Tengo la cabeza grande. Esa (falda, gorra, camisa) es muy pequeña para mí.
5. Irene ahora pesa diez libras más. Ya no puede ponerse ese (sombrero, guante, vestido).
6. Cuando hace fresco, me pongo (un suéter, una corbata, zapatos).
7. En verano, llevo (abrigo, pantalones cortos, suéter).
8. El señor tiene un traje de tres piezas: chaqueta, pantalones y (calcetines, chaleco, corbata).

◄ VERBOS ►

Complete each sentence following the model.

MODEL: El señor busca una camisa y _____ _____.
El señor busca una camisa y *la encuentra.*

1. Yo busco un pañuelo blanco y _____ _____.
2. Mi esposo y yo buscamos unos guantes y _____ _____.
3. Tú buscas una corbata y _____ _____.
4. Las chicas buscan unas medias y _____ _____.
5. Ustedes buscan un traje y _____ _____.

◄ ESTRUCTURA ►

A. Complete each sentence following the model.

MODEL: Voy a *limpiar mi vestido.*
Voy a *limpiarlo.*

1. Necesito ver la nota.
2. Tengo que limpiar mi corbata.
3. Queremos visitar a los Sánchez.
4. Vamos a comprar esos pantalones.
5. Tiene que buscar el traje.
6. Van a comer la tortilla.
7. Quiero llevar mi vestido nuevo.
8. Él no quiere usar los guantes.

B. *¿Ser listo o estar listo?* Complete each sentence with the appropriate form of *ser* or *estar* according to the meaning of the sentence.

1. El tren _____ listo para salir.
2. Los alumnos de mi clase _____ muy listos.
3. Señor, ¿_____ lista María para ir al cine?
4. Mi perro Capitán _____ muy listo.
5. Tú siempre estudias; por eso _____ muy lista.
6. El profesor me dice que yo _____ listo para el examen.
7. Las tortillas _____ listas.
8. Yo voy a _____ listo en diez minutos.

75

17.
En la boda

Antes de leer: *A veces queremos decir una cosa, pero decimos otra ... ¡bastante peor! ¿Te pasa a ti?*

Es la boda de Evita y Alfredo, un momento de mucha alegría para los dos. Por fin, se casan los novios. Roberto es un buen amigo de la familia de la novia y está en la puerta de la iglesia indicando[1] a los invitados sus asientos respectivos antes de comenzar la ceremonia. Entra una señora sola.

ROBERTO: Buenas tardes, señora.
LA SEÑORA: Buenas tardes, joven.

---

[1]**indicando** *indicating, ponting to*

ROBERTO: ¿Me permite acompañarla a su asiento?
LA SEÑORA: Cómo no, si es tan amable.
(Roberto acompaña a la señora.)
LA SEÑORA: ¿Lo conozco,[2] joven?
ROBERTO: No, yo soy amigo de la familia de la novia. Y usted, ¿es amiga de la novia?
LA SEÑORA: Pues, ¡claro que no! Yo soy la madre del novio.

◄◙ COMPRENSIÓN ◙►

A. Indicate whether these statements are true or false. Write *V* for *verdadero* and *F* for *falso*. If the statement is false, correct it to make it true.

1. (　) Es la boda de Evita y Roberto.
2. (　) Es un día muy triste para todos.
3. (　) Roberto es un buen amigo de la familia del novio.
4. (　) Roberto está indicando a los invitados sus asientos.
5. (　) Una mujer entra sola.
6. (　) Roberto cree que la señora es amiga de la novia.
7. (　) La señora conoce a Roberto.
8. (　) La señora es la madre del novio.

B. Contesta las preguntas con frases completas.

1. ¿Evita y Alfredo son novios?
2. ¿Qué celebran hoy?
3. ¿Quién es Roberto?
4. ¿Dónde está?
5. ¿Qué hace?
6. ¿La señora que entra conoce a Roberto?
7. ¿Roberto conoce a la señora?
8. ¿Quién cree Roberto que es esta señora?

C. ¿Y tú?

1. ¿Te gustan las bodas?
2. ¿Qué es lo que más te gusta de las bodas?
3. ¿Conoces a alguien que se va a casar pronto?
4. ¿Vas a ir a la boda?
5. ¿Qué vas a regalar a esa persona?

---

[2]**¿Lo conozco?**
Do I know you?

77

◖◗ VOCABULARIO ◖◗

A. Cognates. English nouns that end in *-ment* usually end in *-mento* in Spanish. Example: *moment — momento.* Form the Spanish equivalents of these words in English.

1. document
2. ornament
3. fragment
4. experiment
5. instrument
6. element
7. department
8. argument
9. monument
10. testament

B. Match these antonyms.

A	B
1. alegría	a. novio
2. buen	b. junta
3. sentarse	c. mentira
4. comenzar	d. levantarse
5. sola	e. mal
6. amable	f. tristeza
7. novia	g. desagradable
8. verdad	h. terminar

C. Complete the crossword puzzle that appears on the next page by supplying the appropriate word in each statement.

Horizontal

2. Lo contrario de "feo" es _____.
5. Caracas es una _____.
7. Cuando una persona no quiere comer mucho es porque está a _____.
8. Quiero una _____ con queso y pepinillos.
9. El consomé es un tipo de _____.
13. El señor Brea tiene una _____ con el director.
14. Si mañana es jueves, hoy es _____.
17. Ella va a tirar una _____ en la fuente.
20. Ella necesita la _____ del carro.
22. Quiero comer porque tengo _____.
24. Para limpiar la ropa, la llevo a la _____.

Vertical

1. Evita es la _____ de Alfredo.

3. Van al _____ para hacer ejercicio.

4. Las _____ me hacen llorar.

6. El fútbol es un _____.

10. Mi mamá prepara la comida en la _____.

11. Yo miro la _____ todas las noches.

12. El _____ trabaja en la aduana.

15. La _____ es un plato típico español.

16. Mañana tenemos un _____ de matemáticas.

18. Me gusta el café con _____.

19. Cuando hace frío, me pongo _____ en las manos.

21. Usamos la _____ para hablar.

23. Para saber la hora, miro el _____.

◖ VERBOS ◗

A. Complete each sentence according to the model provided.

   1. Ella *conoce* a la señora.
     Evita _____ la ciudad.
     Tú _____ a Pedro.
     Todos los invitados _____ a la novia.
     Felicia y yo _____ al presidente.
     Yo _____ París.

   2. La chica *comienza* a trabajar en la tintorería.
     Nosotras _____ a trabajar mañana.
     Estos chicos _____ a hablar.
     Tú _____ a escribir.
     Yo _____ a preparar la cena.
     Los jóvenes _____ a jugar.

B. Complete these sentences with the appropriate form of *saber* or *conocer.*

   1. Yo no _____ a esa señora.
   2. ¿_____ tú conducir?
   3. Yo no _____ la fecha de hoy.
   4. Todos los alumnos _____ a la nueva directora.
   5. El turista quiere _____ la ciudad.
   6. Nosotros _____ dónde está la tiendita.
   7. El pasajero no _____ al aduanero.
   8. Estas chicas _____ hablar español.
   9. Todos _____ las ideas del presidente.
  10. Mis padres _____ que soy un buen chico.

◖ ESTRUCTURA ◗

A. Complete these sentences according to the model.

MODEL: El chico *se levanta* temprano.
       El chico va a *levantarse* temprano.

   1. Evita se casa con Alfredo.
     Evita va a _____ con Alfredo.
   2. Yo me siento en la silla.
     Yo voy a _____ en la silla.

3. La niña se lava las manos.

La niña va a _____ las manos.

4. Tú y yo nos ponemos zapatos negros.

Tú y yo vamos a _____ zapatos negros.

5. Los alumnos se levantan a las siete.

Los alumnos van a _____ a las siete.

6. Tú te acuestas temprano.

Tu vas a _____ temprano.

7. Carlos se viste rápido.

Carlos va a _____ rápido.

8. Al terminar la fiesta, los invitados se van.

Al terminar la fiesta, los invitados van a _____.

9. Nosotros nos bañamos antes de desayunar.

Nosotros vamos a _____ antes de desayunar.

B. Complete the following passage by inserting the necessary words from those given below.

Hoy es **(1)** _____ día importante para Evita porque ella va a **(2)** _____ con su novio, Alfredo. La ceremonia va a **(3)** _____ lugar en la iglesia a **(4)** _____ seis. Parientes y amigos van a la ceremonia y a la **(5)** _____ que sigue. En la iglesia, Roberto **(6)** _____ a los invitados sus **(7)** _____. Una señora entra sola. Roberto no la **(8)** _____. Él cree que es amiga de la novia, **(9)** _____ es en realidad la madre **(10)** _____ Alfredo.

asientos	conoce	fiesta	las	tener
casarse	de	indica	pero	un

18.
En la tienda de videos

ANTES DE LEER: *¿Dónde prefieres ver las películas: en el teatro o en casa? ¿Por qué?*

Es un viernes por la tarde. Adriana y su hermano Marcos están en casa y quieren alquilar una película en video.

ADRIANA: ¿Tienes tu tarjeta de la tienda de videos?
MARCOS: Sí, está en mi billetera.
ADRIANA: ¿Y no debes nada en multas ni te olvidaste de[1] devolver alguna película?

---

[1]**no te olvidaste de . . .**
   you didn't forget to . . .

MARCOS: No te preocupes. No debo nada.
(Adriana y Marcos llegan a la tienda de videos.)
ADRIANA: A ver . . . ¿dónde está la sección de películas extranjeras?
MARCOS: Está a la derecha.
ADRIANA: Ya las veo. ¿Qué te parece esta película?
MARCOS: Sí, es buenísima. El protagonista es un profesor de universidad que deja su trabajo, vende todo lo que tiene y se va a vivir a un lugar aislado en el Tibet. Allí se encuentra con un monje que le enseña los secretos de su religión. Luego, años más tarde, vuelve a su país y conoce a una mujer. Se enamora de ella y se casa. ¿Qué te parece? ¿La alquilamos?
ADRIANA: No hace falta. Ya me la acabas de contar. A ver si te callas la boca mientras elijo² la película.

◖ COMPRENSIÓN ◗

A. Number these statements (1–8) according to their sequence in the dialogue.

( ) Adriana y Marcos llegan a la tienda de videos.
( ) Marcos le cuenta toda la película.
( ) Marcos dice que no debe nada.
( ) Adriana busca la sección de películas extranjeras.
( ) Adriana pregunta a Marcos si tiene la tarjeta de la tienda.
( ) Adriana pregunta a Marcos qué le parece la película.
( ) Adriana encuentra una película.
( ) Adriana y Marcos quieren alquilar un video.

B. Contesta las preguntas con frases completas.

1. ¿Qué son Adriana y Marcos?
2. ¿Dónde están ellos?
3. ¿Qué día es?
4. ¿Qué quieren hacer?
5. ¿Adónde van?
6. ¿Qué tipo de película quiere ver Adriana?
7. ¿Dónde está la sección de películas extranjeras?
8. ¿Conoce Marcos la película que encuentra Adriana?

---

²**elijo** *I choose*

C. ¿Y tú?

1. ¿Tú o tus amigos y amigas suelen alquilar películas?
2. ¿Eres socio o socia de una tienda de alquiler de videos?
3. ¿Tienes videocasetera en la casa?
4. ¿Generalmente compran o alquilan los videos?
5. ¿Te gustan las películas extranjeras?
6. ¿Conoces alguna película en español?

⟪ VOCABULARIO ⟫

A. Match the words in columns A and B.

A	B
1. video	**a.** calor
2. casete	**b.** viento
3. disco compacto	**c.** computadora
4. disquet	**d.** frío
5. enchufe	**e.** tocadiscos
6. horno	**f.** videocasetera
7. refrigerador	**g.** tocacintas
8. ventilador	**h.** tomacorriente

B. Noun formation. Many nouns in Spanish are formed by adding the ending *-era* to the stem of a noun. The *-era* suffix is roughly equivalent to the English word *holder*. Identify the nouns from which these words are formed.

1. guantera
2. billetera
3. cochera
4. sopera
5. cafetera
6. tetera
7. panera
8. valijera

C. Use your answers from Exercise B to write five complete sentences.

ᴄᴏ VERBOS ᴏꝛ

A. Indicate the familiar singular *(tú)* command of the verbs in parentheses.

1. _____ el rectángulo.	*(medir)*
2. _____ lo que deseas.	*(pedir)*
3. _____ mucho esta noche.	*(divertirse)*
4. _____ por favor.	*(sentarse)*
5. _____ conmigo.	*(hablar)*
6. _____ más rápido.	*(andar)*
7. _____ todo el jugo.	*(beber)*
8. _____ la comida.	*(comer)*
9. _____ lo que necesitas.	*(comprar)*
10. _____ en seguida.	*(venir)*

B. Indicate the formal singular *(usted)* command of the verbs in Exercise A.

ᴄᴏ ESTRUCTURA ᴏꝛ

Complete the following dialogue by inserting the necessary words from those given below.

ALONSO: ¿**(1)** _____ un video esta noche?

SUSANA: **(2)** _____ una buen idea.

ALONSO: **(3)** _____ la tarjeta de la tienda de videos.
(En la tienda.)

SUSANA: ¿Qué película **(4)** _____ ver?

ALONSO: Cualquiera. ¿Qué **(5)** _____ ésta?

SUSANA: Sí, sí. **(6)** _____ ésa. ¿Llevamos otra?

ALONSO: No. Con una **(7)** _____.
(En la caja.)

SUSANA: Alonso, hay un pequeño problema . . .

ALONSO: ¿No tienes dinero? Yo lo pago.

SUSANA: No, no tengo la **(8)** _____ conmigo.

ALONSO: ¡No puede ser!

alquilamos	lleva	no te olvides	tarjeta
está bien	me parece	quieres	te parece

19.
En un banquete

Antes de leer: *¿Abusas de la comida a veces? ¿De qué comida?*

Es la primera vez que Ramón y su esposa Marisol van juntos a un banquete. Todos acaban de cenar y ahora empiezan a servir el postre.

Marisol: ¡Ramón! ¿Cuántas veces vas a ir a la mesa por el postre?
Ramón: Es que este helado está delicioso; y hay tantos sabores: vainilla, chocolate, fresa, cereza y . . .
Marisol: *(Le interrumpe.)* ¡Ya basta! Es la quinta vez que repites el postre. ¿Qué va a decir la gente?

RAMÓN: Pero, mi amor. ¡Está riquísimo!

MARISOL: ¿No te da vergüenza?

RAMÓN: ¡Claro que no! Cada vez que voy, les digo a los otros que el helado es para ti.

⤳ COMPRENSIÓN ⤳

A. Select the word or expression that best completes each statement.

1. Ramón y su esposa están en un (restaurante, banquete, club).
2. Van a servir (el postre, la cena, el aperitivo).
3. Hay muchos sabores de (jugos, tés, helados).
4. Ramón va a la (fiesta, mesa, tienda) a servirse postre muchas veces.
5. La señora se enfada con (su esposo, el mesero, los invitados).
6. Ramón dice que el postre está (riquísimo, regular, adecuado).
7. A Ramón no le da (tristeza, vergüenza, alegría) comer mucho.
8. Ramón dice a los otros que el helado es para (él, su esposa, varias personas).

B. Contesta las preguntas con frases completas.

1. ¿Dónde están Ramón y su esposa?
2. ¿Qué van a servir ahora?
3. ¿Qué le pregunta su esposa?
4. ¿Qué hay de postre?
5. ¿Qué sabores hay?
6. ¿Cuántas veces va Ramón a la mesa?
7. Según Ramón, ¿qué tal está el helado?
8. ¿Le da vergüenza a Ramón repetir el postre?

C. ¿Y tú?

1. ¿Vas a banquetes?
2. ¿Te gustan? ¿Por qué?
3. ¿Qué postre prefieres?
4. ¿Te gusta el helado?
5. ¿Qué sabor te gusta más?

⟪ VOCABULARIO ⟫

A. Match the cardinal numbers in column A with their corresponding ordinals in column B.

A	B
1. nueve	**a.** segundo
2. seis	**b.** octavo
3. cinco	**c.** primero
4. uno	**d.** noveno
5. diez	**e.** cuarto
6. ocho	**f.** tercero
7. cuatro	**g.** quinto
8. tres	**h.** séptimo
9. dos	**i.** sexto
10. siete	**j.** décimo

B. Word Groups. Find a word in the story that is related to these words. Give the meaning of both words.

1. la cena	**5.** el mesero
2. sabroso	**6.** bastante
3. el esposo	**7.** rico
4. juntar	**8.** helar

⟪ VERBOS ⟫

A. Complete each sentence according to the model provided.

MODEL: Yo *repito* la letra de la canción.

1. Ellos _____ la lección.
2. ¿Quién _____ el postre?
3. Usted y yo _____ el poema.
4. Tú _____ todo.
5. Rosita _____ la comida.

B. Write the familiar singular *(tú)* command form in each of these statements.

1. ¡_____ a tu mamá!	*(ayudar)*
2. ¡_____ la televisión!	*(mirar)*
3. ¡_____ a la pregunta!	*(responder)*
4. ¡_____ la música!	*(escuchar)*
5. ¡_____ eso!	*(repetir)*

✍ ESTRUCTURA ✍

A. Replace the indirect object noun with the appropriate indirect object pronoun.

MODEL: Ella habla. *(al profesor)*
Ella *le* habla.

1.	Doy el libro.	*(a Juan)*
2.	Hablamos.	*(a los señores)*
3.	Tú dices muchas cosas.	*(a Marta)*
4.	Escribimos una carta.	*(a Gregorio)*
5.	No vendo el carro.	*(a los vecinos)*
6.	El profesor explica la lección.	*(a los estudiantes)*
7.	Tú das el regalo.	*(a los abuelos)*
8.	Ella no pasa la tortilla.	*(a su hijo)*
9.	La maestra pregunta.	*(a Mariana y a Felipe)*
10.	Tú enseñas francés.	*(a los chicos)*

B. Form a question by matching the interrogative word in column A with the segment in column B.

A	**B**
1. ¿Dónde	**a.** hora vas a la tienda?
2. ¿Qué	**b.** chicas van a la fiesta?
3. ¿Cómo	**c.** es esto?
4. ¿Cuántas	**d.** están ustedes?
5. ¿Cuál	**e.** son los profesores?
6. ¿Cuándo	**f.** es su dirección?
7. ¿Quiénes	**g.** van Uds. a Buenos Aires?
8. ¿A qué	**h.** está San Juan?

20.
En la sala de estar

ANTES DE LEER: *Lo que vale es la buena intención ...,*
¿o no siempre? ¿Qué opinas?

Es un sábado por la tarde en casa de la familia Gómez. El señor Gómez está leyendo el periódico y los niños están afuera jugando. La señora Gómez acaba de llegar. Ella viene de hacer compras.

LA SEÑORA: ¡Hola, hola! ¡Ya llegué!
EL SEÑOR: ¿De compras?
LA SEÑORA: Sí. ¡Mira lo que compré!
EL SEÑOR: A ver, ¿qué es?
          (*La señora saca un paquete de su bolsa de compras.*)

LA SEÑORA: Es una tela. La compré porque voy a hacerte una corbata para el día de tu santo.

EL SEÑOR: ¿Una corbata? ¿Pero por qué tanta tela?

LA SEÑORA: Porque voy a hacerme una falda con el resto de la tela.

◖◗ COMPRENSIÓN ◖◗

A. Select the response that best answers each question or completes each statement.

1. ¿Qué día es?
   a. viernes
   b. sábado
   c. lunes
   d. jueves

2. El señor Gómez está
   a. mirando la televisión.
   b. jugando con el perro.
   c. limpiando la sala de estar.
   d. leyendo el periódico.

3. La señora Gómez viene
   a. de hacer compras.
   b. del cine.
   c. del teatro.
   d. de hacer una visita.

4. Ella está
   a. preparando la cena.
   b. hablando por teléfono.
   c. enseñando sus compras.
   d. mirando el periódico.

5. La señora Gómez compró tela para
   a. hacer cortinas nuevas.
   b. hacer una corbata.
   c. venderla a sus amigas.
   d. hacer un vestido.

6. Con el resto de la tela, la señora va a
   a. devolverla a la tienda.
   b. hacerse una falda.
   c. regalarla a su hermana.
   d. guardarla por un año.

B. Contesta las preguntas con frases completas.

1. ¿Qué día es?
2. ¿Dónde está el señor Gómez?
3. ¿Qué está haciendo?
4. ¿Qué están haciendo los niños?
5. ¿De dónde viene la señora Gómez?
6. ¿Qué compró?
7. ¿Qué le va a hacer a su esposo?
8. ¿Compró ella bastante tela?

C. ¿Y tú?

1. ¿Sabes coser?
2. ¿Te compras tu propia ropa?
3. ¿Guardas la ropa que ya pasó de moda?
4. ¿Donas la ropa que ya no usas?
5. ¿A quién das tu ropa vieja?

◖ VOCABULARIO ◗

A. Noun formation. In Spanish, the name of the profession (*panadero* — baker) gives us the name of the shop. To form the name of the shop, drop the ending -*o* or -*a* and add -*ía*. Example: *el panadero — la panadería*. Form the name of the shops.

1. el heladero
2. la joyera
3. el relojero
4. el carnicero
5. la zapatera
6. el florero
7. la lechera
8. el pastelero
9. el librero
10. la peluquera

B. Identify the store in which you would buy these items or services.

1. rosas
2. relojes
3. carne
4. helados
5. pan
6. pasteles
7. cortes de pelo
8. diccionarios
9. zapatos
10. joyas

C. Complete these sentences according to the model provided.

MODEL: La *panadera* vende *pan* en la *panadería*.

1. El carnicero vende _____ en la _____.
2. La _____ vende flores en la _____.
3. El _____ vende _____ en la lechería.
4. La _____ corta el pelo en la _____.
5. El librero vende _____ en la _____.

⟪ VERBOS ⟫

A. Complete these sentences with the appropriate preterite form of the verb given in the model.

1. Ellas *compraron* una tela bonita.
   Tú _____ cuadernos.
   Yo _____ un bolígrafo.
   Ella y yo _____ mucha ropa.
   ¿Quién _____ ropa usada?
   Las señoras _____ cosas para la casa.

2. Yo *necesité* más dinero.
   Adriana y José _____ ayuda.
   Nosotros _____ una mano.
   Tú _____ mi colaboración.
   Elena _____ trabajar.
   Juan y Luis _____ lápices.

B. Complete these sentences with the appropriate preterite form of the verb given in parentheses.

1. María _____ un vestido nuevo. *(comprar)*
2. Tú _____ con el profesor. *(estudiar)*
3. Los señores _____ con la directora. *(hablar)*
4. Usted _____ a la jefa. *(llamar)*
5. Pepe y yo _____ el Museo del Prado. *(visitar)*
6. Yo _____ con ella. *(bailar)*
7. Tú y ella _____ mucho. *(conversar)*
8. ¿Quién _____ la tortilla? *(preparar)*
9. Ellos _____ una bebida fría. *(tomar)*
10. Yo _____ música. *(escuchar)*

✎ ESTRUCTURA ✎

Complete each sentence with the appropriate pronoun. Note that the pronoun follows a preposition.

MODEL: Compro un reloj para Pepe. El reloj es para *él.*

1. A _____ me gusta el helado.
2. Compro la tela para Luis. La compro para _____.
3. Tenemos muchos libros. Los libros son de _____.
4. ¿Me compraste un regalo? Sí, compré un regalo para

   _____.
5. Ellos tienen una casa en el campo. Esa casa es de _____.
6. ¿Cómo está Antonio? A _____ le duelen las piernas.
7. La maestra dice a sus alumnos: —Esta tarea es para

   _____.

21.
Delante del refrigerador

Antes de leer: *Piensa en la comida que más te gusta.*
¿Encontrarías algo en el refrigerador de esta familia?

Carlos tiene la costumbre de abrir y cerrar la puerta del refrigerador constantemente. Ahora, Carlos está en la cocina con su papá; y, como siempre, está buscando algo para comer.

Carlos: *(Cierra el refrigerador.)* Nunca hay nada para comer en esta casa.

Papá: ¿Por qué dices eso? Tu mamá acaba de venir del supermercado y compró muchas cosas. Entre ayer y hoy, gastó mucho en comida.

CARLOS: Sí, pero nunca encuentro nada que me gusta.
(Su papá abre la puerta del refrigerador.)
PAPÁ: Mira todo lo que hay en los estantes: el pollo que preparó tu mamá, la sopa de ayer, arroz, queso y jamón.
CARLOS: Pero no me gusta nada de eso.
PAPÁ: *(Abre las gavetas del refrigerador.)* Aquí hay lechuga, tomates, rábanos, pepinos, naranjas y manzanas.
CARLOS: Eso tampoco me gusta.
PAPÁ: Y en la puerta hay salsa de tomate, mayonesa, mantequilla, mermelada, leche, jugo y huevos.
(El hijo sale de la cocina.)
MAMÁ: ¡Oye! ¡A este chico no le gusta nada! Seguro que tú sí tienes hambre ahora después de ver todo lo que hay en el refrigerador.
PAPÁ: La verdad es que no. Carlos tiene razón: no hay nada para comer.

⊲⊜ COMPRENSIÓN ⊜⊳

A. Rearrange these statements (1–8) according to their sequence in the dialogue.

( ) El padre mira lo que hay en las gavetas del refrigerador.
( ) La madre acaba de venir del supermercado.
( ) Carlos dice que no hay nada para comer en la casa.
( ) La madre dice que a Carlos no le gusta nada.
( ) Carlos cierra la puerta del refrigerador.
( ) El padre mira lo que hay en la puerta del refrigerador.
( ) El padre mira lo que hay en los estantes del refrigerador.
( ) Carlos abre la puerta del refrigerador.

B. Contesta las preguntas con frases completas.

1. ¿Qué costumbre tiene Carlos?
2. ¿Qué está buscando ahora?
3. ¿Encuentra algo que le gusta?
4. ¿Cuánto gastó la madre en el supermercado?
5. ¿Qué le muestra el padre a Carlos?
6. ¿Qué hay en el refrigerador?
7. ¿Qué le dice la madre al esposo?
8. ¿Qué le contesta él?

C. ¿Y tú?

1. ¿Comes solamente a la hora de la comida, o comes algo a cada rato?

2. ¿Cuántas veces al día comes?

3. ¿Abres constantemente el refrigerador y los armarios de tu casa buscando cosas para comer?

4. En tu casa, ¿cuánto gastan en comida por semana?

5. ¿Eres delicado(a) para comer?

◖ VOCABULARIO ◗

A. **Match** these antonyms. Then form two words with the boxed letters in column B to complete the sentence that follows.

A	B
1. abrir	**a.** i[r]
2. algo	**b.** per[d]er
3. buscar	**c.** [a]yer
4. nunca	**d.** [n]ada
5. venir	**e.** ant[e]s
6. encontrar	**f.** dud[a]r
7. después	**g.** sie[m]pre
8. hoy	**h.** [c]errar
9. creer	**i.** enc[o]ntrar

¡Nunca hay _____ para _____ en esta casa!

B. **Find** the word that does not fit in the group.

1. queso	pepino	crema	leche
2. lechuga	tomate	huevo	rábano
3. café	naranja	manzana	cereza
4. carnicería	panadería	peluquería	pastelería
5. cocina	baño	comedor	despensa

≈ VERBOS ≈

A. Change the following statements to the preterite.

1. Lupe mira la televisión.
2. Tú preguntas algo al aduanero.
3. Ellos preparan la cena.
4. Yo hablo con mi papá.
5. La familia cena muy tarde.
6. Reinaldo conversa mucho.
7. Tú practicas deportes.
8. Juanita y yo trabajamos juntos.
9. Uds. bailan muy bien.
10. Yo desayuno a las ocho.

B. Complete these sentences with the appropriate infinitive according to the cue. Follow the model.

MODEL: No hay nada para *leer.*   *(la biblioteca)*

1. No hay nada para _____. *(la tarea)*
2. No hay nada para _____. *(la cocina)*
3. No hay nada para _____. *(el almacén)*
4. No hay nada para _____. *(el cine)*
5. No hay nada para _____. *(la televisión)*
6. No hay nada para _____. *(la radio)*
7. No hay nada para _____. *(la aduana)*
8. No hay nada para _____. *(el banco)*

≈ ESTRUCTURA ≈

A. Change each sentence to the negative.

MODEL: Voy a comer *algo.*
        No voy a comer *nada.*

1. Voy a llamar a alguien.
2. Vas a comprar algunos libros.
3. Ella va a hacer algo.
4. Ellos siempre van a Madrid.
5. Alguien toca a la puerta.
6. Nosotros vamos al café todos los días.
7. Tú siempre tienes mucha suerte.

98

B. Complete the following passage by inserting the necessary words from those given below.

Carlos siempre tiene mucha **(1)** _____. Cuando él tiene ganas de comer **(2)** _____, entra en la cocina y abre la **(3)** _____ del refrigerador. Carlos mira la comida que **(4)** _____ en todos los estantes, pero **(5)** _____ encuentra **(6)** _____ bueno para comer. También busca en todos los **(7)** _____ de la despensa pero no **(8)** _____ nada rico. El padre le dice a Carlos que no **(9)** _____ abrir y cerrar las puertas **(10)** _____. Al mirar los estantes del refrigerador y de la despensa, el padre no encuentra nada **(11)** _____. Él no comprende en qué **(12)** _____ tanto dinero cada semana.

algo	estantes	nada
constantemente	gastan	nunca
debe	hambre	puerta
encuentra	hay	tampoco

22.
En el café de la librería

ANTES DE LEER: *¿Por qué vas a las librerías? ¿A buscar libros o revistas, a charlar con los amigos... o a conocer nuevos amigos?*

Martín encuentra a Felipe en el café de la librería y se acerca a conversar.

MARTÍN: Hola, Felipe. ¿Tú en la librería? ¿Qué haces aquí?

FELIPE: Vine a ver si tienen un libro que un amigo me recomendó.

MARTÍN: ¿Tú ahora lees? Pero si siempre dices que no te gusta leer.

FELIPE: ¿Pero uno puede cambiar, no?

MARTÍN: Sí, uno puede cambiar; pero tú, no creo.

FELIPE: ¿Tan vacío crees que soy? Oye, ¡que injusto eres!

MARTÍN: Perdona. Creo que fui un poco injusto contigo. Pero, dime, ¿qué libro buscas?

FELIPE: Este[1] . . . ah . . .

MARTÍN: Pero, ¿cómo? ¿No sabes cómo se llama el libro? Vamos, dime la verdad.

FELIPE: ¡Ya! ¡A ti no se te puede mentir! Estoy aquí porque me dijeron que suelen venir[2] al café unas chicas guapísimas.

MARTÍN: ¡Ah! Eso sí te lo creo.

ᒪᑳ COMPRENSIÓN ᑲᒥ

A. Indicate whether these statements are true or false. Write *V* for *verdadero* and *F* for *falso*. If the statement is false, correct it to make it true.

1. (   ) Martín encuentra a Felipe en la biblioteca.
2. (   ) Martín pregunta a Felipe qué hace en la librería.
3. (   ) Felipe dice que está buscando un libro para leer.
4. (   ) Felipe está haciendo un trabajo para una clase que tiene.
5. (   ) Al principio, Martín no le cree a Felipe.
6. (   ) Martín pide disculpas a Felipe.
7. (   ) Martín pregunta a Felipe qué libro busca.
8. (   ) Felipe le dice el nombre del libro que necesita.

B. Contesta las preguntas con frases completas.

1. ¿Dónde está Martín?
2. ¿A quién encuentra Martín en la librería?
3. ¿Está sorprendido Martín de ver a Felipe?
4. ¿Qué le pregunta Martín a Felipe?
5. ¿Qué le responde Felipe?
6. ¿Le cree Martín?
7. ¿Pudo decir Felipe el nombre del libro?
8. ¿Por qué razón fue Felipe a la librería?

C. ¿Y tú?

1. ¿Te gusta leer?
2. ¿Qué tipo de libros lees?
3. ¿Compras libros o prefieres pedirlos prestados de la biblioteca?
4. ¿Sueles ir a las librerías?
5. ¿Vas para comprar libros o hacer vida social?
6. ¿Crees que es bueno leer?

---

[1]**este** . . . *interjection denoting a hesitation in speech*
[2]**suelen venir** *usually come*

◖ VOCABULARIO ◗

A. Match these synonyms.

A	B
1. conversar	**a.** terminar
2. empezar	**b.** andar
3. caminar	**c.** charlar
4. acabar	**d.** escuchar
5. oír	**e.** adquirir
6. comprar	**f.** ver
7. mirar	**g.** comenzar

B. Antonyms. In Spanish, many antonyms are formed by adding the prefix *in-*, *im-*, *ir-*, or *i-* to an adjective. The same is true in English (e.g.: *possible — impossible*). Give the antonyms of the following adjectives.

1. injusto
2. imposible
3. irreversible
4. increíble
5. impasable
6. incomible
7. irresponsable
8. ilegal
9. incompatible
10. irreparable

C. Use your answers from Exercise B to write five complete sentences.

◖ VERBOS ◗

A. Supply the appropriate preterite form of the verb *venir*.

1. Dime, ¿para qué _____ a la librería?
2. Ayer yo _____ a tu casa pero no te encontré.
3. Maite y yo _____ muy tarde anoche.
4. ¿Por qué ustedes no _____ a mi fiesta?
5. El padre _____ muy cansado del trabajo.
6. Usted tampoco _____ al ensayo.

B. Supply the appropriate preterite form of the verb *tener*.

    1. ¿Cuántas horas _____ tú para terminar el examen?

    2. Yo _____ gripe la semana pasada.

    3. Marcela, Flora y yo _____ que salir en seguida.

    4. El señor _____ miedo y no entró.

    5. Los niños _____ que estudiar mucho para la prueba.

    6. Sra. Antúñez, ¿_____ tiempo para terminar el proyecto?

C. Supply the appropriate preterite form of the verb *decir*.

    1. ¿Qué me _____ tú ayer?

    2. Yo _____ que voy a viajar a Europa.

    3. ¿Las chicas no te _____ nada?

    4. Ignacio me _____ algo.

    5. Nosotros no _____ eso.

    6. Todo lo que usted me _____ fue muy útil.

⊰ ESTRUCTURA ⊱

Complete the following dialogue by inserting the necessary words from those given below.

ARTURO: ¡Roxana! ¡Qué sorpresa! ¿Cuándo **(1)** _____ de tu viaje?

ROXANA: Justamente acabo de **(2)** _____.

ARTURO: ¿Cuánto tiempo **(3)** _____ en Japón?

ROXANA: **(4)** _____ dos semanas.

ARTURO: ¿Y qué haces por aquí?

ROXANA: **(5)** _____ a devolver algo que **(6)** _____.
¿Y tú, adónde vas?

ARTURO: Voy a **(7)** _____ unos bolígrafos en la papelería.
Perdona, pero **(8)** _____ que volver a la oficina.
Llámame.

ROXANA: Sí, pero dame tu nuevo número de teléfono. Me
(9) _____ que ya no vives en el mismo lugar, ¿no?

ARTURO: Sí, **(10)** _____ que mudarme. Después te cuento
todo. Aquí tienes el número. ¡Me voy!

ROXANA: ¡Gusto en verte!

ARTURO: Llámame.

comprar	dijiste	estuviste	llegaste	tuve
compré	estuve	llegar	tengo	vine

23.
En casa del abogado

ANTES DE LEER: *¿Quién debe ganar más: un abogado o un electricista? ¿Por qué?*

Un electricista va a la casa de un abogado para instalar unos tomacorrientes[1] de alto voltaje. El electricista termina el trabajo en tres horas y habla con el abogado.

EL ELECTRICISTA: Los tomacorrientes ya funcionan.
EL ABOGADO: ¿Está seguro?
EL ELECTRICISTA: Sí, puede probarlos, si desea.

---

[1]**tomacorrientes**
electrical outlets

EL ABOGADO:	No hace falta. Confío en su palabra. Dígame, por favor, ¿cuánto le debo?
	(El electricista empieza a calcular. Después de diez minutos le pasa la cuenta al abogado.)
EL ABOGADO:	¿Nueve mil pesos? ¡No puede ser! ¡Usted me está cobrando tres mil pesos la hora! ¡Ni yo que soy abogado gano tanto!
EL ELECTRICISTA:	Sí, lo sé. Por eso dejé la abogacía² y me hice electricista.

✎ COMPRENSIÓN ✎

A. Select the word or expression that best completes each statement.

1. Un (plomero, pintor, electricista) va a la casa de un abogado.
2. El electricista va a instalar (unos cables, unas luces, unos tomacorrientes).
3. El electricista termina el trabajo en (tres, cuatro, cinco) horas.
4. El electricista dice que los tomacorrientes ya (corren, funcionan, nadan).
5. El abogado pregunta cuánto le (debe, es, cuesta) al electricista.
6. El electricista comienza a (calcular, preparar, cocinar).
7. El electricista cobra (barato, caro, poco).
8. El electricista era antes (médico, abogado, profesor).

B. Contesta las preguntas con frases completas.

1. ¿Quién va a hacer un trabajo en la casa del abogado?
2. ¿Qué va a instalar?
3. ¿En cuánto tiempo termina el trabajo?
4. ¿Qué le pregunta el abogado?
5. ¿Cuánto tiempo tarda el electricista en calcular la cuenta?
6. ¿Cuánto cobra el electricista en total?
7. ¿Cuánto cobra por hora?
8. ¿Quién gana más: el electricista o el abogado?

C. ¿Y tú?

1. ¿Qué profesiones te gustan más? ¿Por qué?
2. ¿En qué te gustaría trabajar?
3. ¿Tienes en cuenta cuánto vas a ganar al elegir tu profesión?
4. ¿Es bueno elegir un trabajo que no te gusta pero que paga bien?

---

²**abogacía** *legal profession*

✠ VOCABULARIO ✠

A. Match the words in columns A and B.

A	B
1. abogada	**a.** teatro
2. electricista	**b.** hospital
3. plomero	**c.** tubería
4. bombero	**d.** dientes
5. científico	**e.** clase
6. soldado	**f.** ejército
7. actriz	**g.** avión
8. comerciante	**h.** luz
9. dentista	**i.** ley
10. enfermero	**j.** incendio
11. maestro	**k.** tienda
12. piloto	**l.** laboratorio

B. Complete each statement with a word from columns A or B in Exercise A. (Note: You may have to make some changes.)

1. María tiene dolor de muelas; necesita un _____.
2. El _____ del avión tiene mucha experiencia.
3. Hay un incendio grande; deben llamar a los _____.
4. No hay luz en la casa; llamamos al _____.
5. Los _____ trabajan en el laboratorio.
6. Hay muchos _____ en el ejército.
7. Las _____ trabajan en el teatro.
8. El _____ ayuda al médico.
9. La maestra enseña a la _____.
10. No hay agua en la casa; llaman al _____.

✠ VERBOS ✠

A. Complete these statements with the appropriate preterite form of *hacer*.

1. El año pasado yo _____ un viaje a España.
2. Mi mamá _____ la maleta.
3. ¿Qué _____ tú anoche?
4. Nosotros _____ mucho ejercicio.
5. Uds. _____ la tarea para hoy.
6. Ramón _____ algo bueno.
7. Tú y ella _____ un pastel sabroso.

106

B. Complete the crossword puzzle with the appropriate preterite form of the verbs indicated.

Horizontal

2.	hacer	*(yo)*
5.	trabajar	*(yo)*
7.	mirar	*(Uds.)*
8.	comprar	*(tú)*
9.	hacer	*(¿quién?)*
11.	desayunar	*(nosotros)*
12.	escuchar	*(él)*

Vertical

1.	estar	*(Ud.)*
3.	bailar	*(ella)*
4.	estar	*(nosotros)*
6.	preparar	*(tú)*
10.	tener	*(yo)*

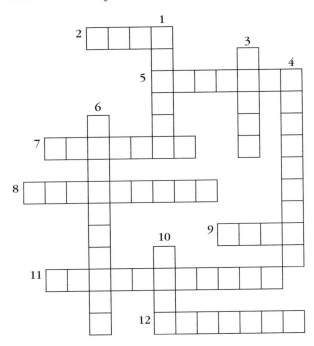

✍ ESTRUCTURA ✍

A. Complete these statements with the appropriate preposition.

a	de	por

1. Alfonso vino _____ comer.
2. Ud. comenzó _____ calcular a cuenta.
3. Ellos están _____ salir de la casa.
4. ¡Niño, deja _____ hablar en voz alta!
5. Yo salí _____ trabajar muy temprano.
6. Nosotros vamos _____ comprar el regalo.
7. El profesor me ayudó _____ comprender la lección.
8. Cuando regresó a casa, empezó _____ estudiar.
9. Mis tíos acaban _____ llamar.
10. Tú no me invitaste _____ salir.

B. Match the segments in columns A and B.

A	**B**
1. El electricista fue	**a.** de llegar.
2. La abogada vino	**b.** a su casa.
3. El plomero acaba	**c.** la lección.
4. La médica viene	**d.** a instalar unos tomacorrientes.
5. La maestra empieza	**e.** del hospital.
6. Mis amigos me invitaron	**f.** a hablar con el juez.

24.
En la peluquería

ANTES DE LEER: *¿Te gusta ir a la peluquería? Además de cortarte el pelo, ¿qué más te hacen en la peluquería?*

José entra en la peluquería. Es sólo la segunda vez que viene para cortarse el pelo.

EL PELUQUERO: Buenas tardes, señor. Siéntese, por favor.
JOSÉ: Buenas tardes.
EL PELUQUERO: ¿Cómo quiere el corte?
JOSÉ: Para el corte, use las tijeras, por favor. Deje el pelo largo del lado izquierdo.
EL PELUQUERO: ¿Y del lado derecho? ¿Lo quiere igual?

José:	Lo quiero bien corto de ese lado. Tape la oreja izquierda y deje al descubierto* la oreja derecha.
El peluquero:	Pero, señor. . .
José:	*(Le interrumpe.)* Y quiero la parte de adelante bien, bien corta.
El peluquero:	Pero, señor. . . Yo no puedo cortarle el pelo así.
José:	No comprendo por qué no. Así lo hizo la última vez que estuve aquí.

ᕙ COMPRENSIÓN ᕗ

A. Match the segments in columns A and B.

A	B
1. El señor entra en	**a.** el pelo largo.
2. El señor desea	**b.** no puede cortarle el pelo así.
3. Para el corte, prefiere	**c.** cortarse el pelo.
4. Del lado izquierdo, quiere	**d.** la última vez.
5. Del lado derecho, quiere	**e.** una peluquería.
6. El peluquero dice que	**f.** el pelo bien corto.
7. Así lo hizo el peluquero	**g.** las tijeras.

B. Contesta las preguntas con frases completas.

1. ¿Adónde va el señor?
2. ¿Qué desea?
3. ¿Qué prefiere para el corte de pelo?
4. ¿Cómo quiere el pelo del lado izquierdo? ¿Y del lado derecho?
5. ¿Cómo quiere las orejas?
6. ¿Cómo quiere la parte de adelante?
7. ¿Cómo reacciona el peluquero con el pedido de su cliente?
8. ¿Qué responde el señor?

C. ¿Y tú?

1. ¿Cada cuánto vas a la peluquería o al salón de belleza?
2. ¿Te cortas sólo el pelo o también te haces una manicura?
3. ¿Te tiñes el pelo?
4. ¿Usas el pelo largo o corto?
5. ¿Te gustan los cortes y peinados extravagantes o rebeldes? ¿Por qué?

---

*al descubierto
exposed, uncovered

◖ VOCABULARIO ◗

A. Match these antonyms.

A	B
1. izquierdo	**a.** primera
2. largo	**b.** diferente
3. al descubierto	**c.** atrás
4. última	**d.** corto
5. adelante	**e.** lejos
6. al lado	**f.** derecho
7. igual	**g.** tapado

B. Opposites. Juanita insists that the following things are one way and Pablo says that they are the opposite. Rewrite these statements assuming Pablo's role. Follow the model.

MODEL: La biblioteca está *lejos* de aquí.
No, la biblioteca está *cerca* de aquí.

1. La maestra está *delante* de su escritorio.
2. El aeropuerto está *detrás* del hotel.
3. El banco está *cerca* del gimnasio.
4. El plato está *debajo de* la mesa.
5. San Francisco está en el *este* de los Estados Unidos.
6. La biblioteca está a la *derecha* de la escuela.
7. Argentina está en el *norte* de Sudamérica.

◖ VERBOS ◗

A. Indicate the formal singular *(Ud.)* command of the verbs given.

MODEL: hablar — *hable*
comer — *coma*

1. preparar		**11.** ayudar
2. leer		**12.** correr
3. mirar		**13.** escribir
4. subir		**14.** vender
5. entrar		**15.** preguntar
6. beber		**16.** cubrir
7. estudiar		**17.** escuchar
8. abrir		**18.** creer
9. tomar		**19.** caminar
10. responder		**20.** dividir

B. Follow the model and give the formal singular *(Ud.)* command.

MODEL: Voy a vender el carro.
   ¡Véndalo ya!

1. Voy a abrir mi regalo.
2. Voy a llamar al abogado.
3. Voy a leer el periódico.
4. Voy a tomar el helado.
5. Voy a beber un refresco.
6. Voy a cortar la tortilla.
7. Voy a limpiar la cocina.
8. Voy a abrir las ventanas.
9. Voy a escribir una tarjeta.
10. Voy a calcular la cuenta.

✎ ESTRUCTURA ✎

A. Write a question for each sentence based on the word in italics.

1. El señor quiere el pelo *corto*.
2. Raúl va a ir a la peluquería *mañana*.
3. El peluquero le cortó el pelo *con las tijeras*.
4. El señor pagó *diez dólares*.
5. La peluquería está *al lado de* la joyería.

B. Complete the following passage by inserting the necessary words from those given below.

José **(1)** _____ va a una peluquería que está **(2)** _____
de su oficina. Así puede **(3)** _____ durante la hora del
almuerzo sin **(4)** _____ mucho tiempo. A José no
(5) _____ gustó el corte la primera **(6)** _____
que fue, pero decidió regresar a ese **(7)** _____ otra vez.
Casi no hay **(8)** _____ en la peluquería a la hora en que
(9) _____ José. Así no tiene **(10)** _____ esperar. Se
sienta en el sillón y le explica **(11)** _____ peluquero
cómo quiere el corte **(12)** _____ vez.

ahora	clientes	le	que
al	esta	lugar	va
cerca	ir	perder	vez

112

25.
En el teléfono

ANTES DE LEER: *¿Qué haces si quieres salir a cenar y tu amigo o amiga quiere cenar en casa?*

Toni está en su oficina cuando suena el teléfono. Lo llama su esposa desde su trabajo y le pregunta a qué restaurante van a ir a cenar esa noche.

TONI: Buenas tardes . . .
LA ESPOSA: Hola, Toni. Soy yo. ¿Estás ocupado?
TONI: No mucho. Dime.
LA ESPOSA: Oye, acaban de abrir un restaurante italiano cerca de mi oficina. ¿Qué te parece si cenamos allí esta noche?
TONI: No, mi amor. Hoy no quiero comer comida italiana.
LA ESPOSA: Entonces vamos al restaurante francés cerca del banco.

TONI: La comida allí es muy cara y no es muy buena.

LA ESPOSA: Dime tú adónde quieres ir. La última vez que salimos a cenar fue hace tres meses.*

TONI: Exageras, mi amor. Fue hace dos meses y medio.

LA ESPOSA: Entonces, ¿qué quieres hacer?

TONI: Mira, yo creo que no hay mejor comida que la que preparas tú. ¡Nadie cocina como tú!

LA ESPOSA: Pero tú me prometiste ir a cenar conmigo.

TONI: Sí, pero es que tu comida es incomparable. Y, además, cuesta menos . . .

LA ESPOSA: ¿Es eso? ¿No? Como siempre, Toni, ¡eres un tacaño insoportable!

ᏧᏩ COMPRENSIÓN ᏩᏊ

A. Match the segments in columns A and B.

A	B
1. Acaban de abrir	**a.** lo llama por teléfono.
2. El restaurante italiano	**b.** trabajando.
3. La esposa de Toni	**c.** su oficina.
4. Toni está en	**d.** un restaurante italiano.
5. La esposa también está	**e.** un tacaño.
6. La esposa pregunta a Toni	**f.** está cerca de la oficina de la esposa.
7. Toni dice que el restaurante francés	**g.** es muy caro.
8. Toni es	**h.** a qué restaurante quiere ir.

B. Contesta las preguntas con frases completas.

1. ¿Quién llama a Toni?

2. ¿Dónde está él?

3. ¿Qué está haciendo su esposa?

4. ¿Para qué llama la esposa?

5. ¿Dónde queda el restaurante que acaban de abrir?

6. ¿Quiere Toni ir a cenar a ese restaurante? ¿Por qué?

7. ¿Y al restaurante francés? ¿Por qué?

8. ¿Dónde van a cenar?

---

hace tres meses
three months ago

C. ¿Y tú?

1. ¿Es bueno ahorrar?
2. ¿Es bueno ahorrar demasiado?
3. ¿Cuál es la diferencia entre una persona que ahorra y una persona tacaña?
4. ¿Es bueno salir a cenar de vez en cuando?
5. ¿Sueles cenar fuera?

VOCABULARIO

A. Cognates. Many English words that end in *-ine* end in *-ino* or *-ina* in Spanish. For example: *divine — divino.* Give the Spanish equivalent of these words.

1. genuine
2. marine
3. canine
4. feminine
5. clandestine
6. pine
7. serpentine
8. submarine

B. Complete these sentences.

1. Si hoy es miércoles, mañana es _____ y ayer fue _____.
2. Si hoy es lunes, mañana es _____ y ayer fue _____.
3. Si hoy es sábado, mañana es _____ y ayer fue _____.
4. Si hoy es jueves, mañana es _____ y ayer fue _____.
5. Si hoy es martes, mañana es _____ y ayer fue _____.
6. Si hoy es viernes, mañana es _____ y ayer fue _____.
7. Si hoy es domingo, mañana es _____ y ayer fue _____.

VERBOS

A. Complete these sentences according to the model provided.

1. Ella *comió* mucho.
   Yo _____ demasiado.
   Ustedes _____ bastante.
   Tú _____ poco.
   Anita y yo _____ rápido.

2. Tú *viviste* en Madrid.

Nosotros _____ en Puerto Vallarta.

Yo _____ en Santo Domingo.

Los señores _____ en Miami.

Ella _____ en Cuzco.

B. Write the appropriate preterite form of the verb in parentheses.

1. Yo _____ de la carnicería. *(salir)*

2. Tú _____ demasiado café. *(beber)*

3. Ella y yo _____ la tienda a las ocho. *(abrir)*

4. El chico _____ por el parque. *(correr)*

5. Uds. _____ los ojos con las manos. *(cubrirse)*

6. Yo _____ mi carro. *(vender)*

7. Tú _____ ir a Puerto Rico. *(decidir)*

8. Nosotros no _____ nada. *(comprender)*

9. ¿Quién _____ el precio? *(subir)*

10. Ella _____ pagar la cuenta. *(prometer)*

C. Complete each sentence with the appropriate preterite form of *ir*.

1. Marisa _____ a Buenos Aires el año pasado.

2. Tú _____ a Lima el mes pasado.

3. Uds. _____ a Bogotá la semana pasada.

4. Yo _____ a Quito en junio.

5. Nosotros _____ a Santiago hace seis meses.

D. Complete each sentence with the appropriate preterite form of *ser*.

1. Yo _____ presidenta del club.

2. Ella _____ directora de la escuela.

3. Uds. _____ los mejores alumnos.

4. Tú _____ supervisor del banco.

5. Nosotros _____ campeones de natación.

⮜ ESTRUCTURA ⮞

Follow the model and complete the sentences with the appropriate form of *aquel.*

MODEL: No quiero esa revista; quiero *aquella* revista.

1. No le gusta ese restaurante; prefiere _____ restaurante.
2. No van a comprar esa corbata roja; van a comprar _____ corbata azul.
3. No me gustan mucho esos pantalones; me gustan más _____ pantalones.
4. No compré esas flores blancas; compré _____ flores amarillas.
5. Ellos no llevaron ese paquete; llevaron _____ paquete.
6. No me puse ese vestido; me puse _____ vestido.
7. No hablamos con ese dependiente; hablamos con _____ dependiente.
8. Laura no fue a esa plaza; fue a _____ plaza.

26.
En la recepción de un pequeño hotel

ANTES DE LEER: *¿Qué haces si no puedes pagar una cuenta?*

Son las seis de la mañana. Un huésped del hotel baja de su cuarto y va a la recepción para hablar con el gerente.[1]

EL GERENTE: Buenos días, señor. ¿Cómo pasó el fin de semana?
EL HUÉSPED: Muy bien; pero, infelizmente, me tengo que marchar.
EL GERENTE: ¿Qué le pareció nuestro servicio?

---

[1]**gerente** *manager*

EL HUÉSPED:	Excelente. Todo perfecto.
EL GERENTE:	¿Comió usted en el restaurante del hotel?
EL HUÉSPED:	Sí, ¡y qué rica la comida!
EL GERENTE:	Me alegro.
EL HUÉSPED:	Ah. Con respecto a la cuenta, le quería decir[2] que tengo un pequeño problema. No tengo dinero para pagarle.
EL GERENTE:	¡Cómo que no tiene dinero!
EL HUÉSPED:	Sí, es que no traje ni un centavo conmigo.
EL GERENTE:	¿Y cómo no lo dijo antes?
EL HUÉSPED:	Es que no quería echar a perder[3] mi fin de semana.

✺ COMPRENSIÓN ✺

A. Rearrange these statements (1–8) according to their sequence in the dialogue.

(   ) El huésped dice al gerente que no tiene dinero.

(   ) El huésped dice que no quería echar a perder su fin de semana.

(   ) El gerente pregunta al huésped si comió en el restaurante del hotel.

(   ) El huésped dice que le pareció excelente.

(   ) El huésped baja de su cuarto.

(   ) El huésped contesta que la comida es muy rica.

(   ) El huésped va a hablar con el gerente.

(   ) El gerente pregunta al huésped qué le pareció el servicio.

B. Contesta las preguntas con frases completas.

1. ¿Dónde pasó el huésped el fin de semana?

2. ¿A qué hora bajó el huésped de su cuarto?

3. ¿Adónde fue?

4. ¿Qué le preguntó el gerente?

5. ¿Qué le pareció el servicio al huésped?

6. ¿Qué le pareció la comida del restaurante?

7. ¿Qué problema tiene el huésped?

8. ¿Por qué el huésped no mencionó su problema antes?

---

[2]**le quería decir**
  I wanted to tell you
[3]**echar a perder** *spoil*

C. ¿Y tú?

1. ¿Viajas a menudo?
2. Cuando viajas, ¿te alojas en hoteles o en casa de parientes?
3. ¿Sabes cuánto cuesta la habitación de los hoteles?
4. ¿Te parece caro el precio?
5. Cuando vas a un hotel, ¿comes dentro del hotel o sales a comer?

◖ VOCABULARIO ◗

A. Cognates. Many English words that end in -ct end in -cto or -cta in Spanish. For example: *perfect — perfecto*. Form the Spanish equivalent of the following words.

1. direct	6. product
2. contact	7. dialect
3. correct	8. imperfect
4. aspect	9. insect
5. exact	10. act

B. Match the words in columns A and B.

A	B
1. huésped	a. motel
2. hotel	b. atención
3. deber	c. dinero
4. dólar	d. cliente
5. servicio	e. pagar

◖ VERBOS ◗

A. Complete these statements with the appropriate preterite form of the verb indicated in the model.

1. Yo no *dije* nada.
   Ella no _____ mucho.
   Tú no _____ nada.
   Uds. no _____ la verdad.
   Nosotros no _____ mentiras.

2. Ud. no *quiso* ir a la fiesta.

Tú no _____ ir tampoco.

Yo no _____ ir contigo.

Ellos no _____ ir conmigo.

Él y yo no _____ ir juntos.

B. Review: Preterite of *-ar, -er, -ir* verbs. Complete each statement with the appropriate preterite form of the verb indicated in parentheses.

   1. Uds. _____ su casa.   *(vender)*

   2. Yo _____ en la fiesta.   *(cantar)*

   3. ¿Quién _____ la lámpara?   *(arreglar)*

   4. Tú _____ una carta a Miguel.   *(escribir)*

   5. Ellos _____ al médico.   *(llamar)*

   6. Nosotros _____ al museo.   *(correr)*

   7. Ud. _____ en Cuba.   *(vivir)*

   8. Mi mamá _____ la cena.   *(preparar)*

   9. Yo _____ la revista.   *(leer)*

  10. Los señores _____ los platos.   *(lavar)*

C. Review: Preterite of *ser, estar, ir, tener, hacer.* Complete each statement with the appropriate preterite form of the verb needed.

   1. Ellos _____ hambre.

   2. Yo _____ el desayuno.

   3. Tú _____ a trabajar.

   4. Uds. _____ en la escuela.

   5. Yo _____ el director del banco.

   6. Ella _____ ejercicio.

   7. Tú _____ que estudiar.

   8. Yo _____ a Machu Picchu.

   9. Ellas _____ compañeras de cuarto.

  10. Antonio y yo _____ en Barcelona.

⟪ ESTRUCTURA ⟫

Complete these sentences with *de* or *por*.

1. Son las diez _____ la mañana.
2. Ud. llegó ayer _____ la tarde.
3. Sirven el almuerzo a la una _____ la tarde.
4. Él trabaja _____ la tarde.
5. _____ la mañana el servicio es mejor.
6. Después de las once _____ la noche, ya no hay servicio de autobús.

Para escribir o dialogar

Create a story based on the topic *¿Qué tal el fin de semana?* You may use these suggested cues:

1. ¿Adónde fuiste?
2. ¿Con quién fuiste?
3. ¿A qué hora saliste?
4. ¿Qué hiciste?
5. ¿Te divertiste?

27.
En la taquilla de cine

ANTES DE LEER: *Ir al cine es el pasatiempo preferido por muchos. ¿A ti te gusta el cine? ¿Qué películas te gustan?*

Una jovencita y una señora bastante mayor hacen fila frente a la taquilla de cine para comprar boletos.

UNA CHICA:	Déme un boleto para la sesión de las siete, por favor.
EL TAQUILLERO:	Los boletos para la sesión de las siete se agotaron.
UNA CHICA:	¿Tiene boletos para la sesión de las siete y media?
EL TAQUILLERO:	Sí, señorita, pero la película sólo es apta para mayores de diecisiete años. ¿Me puede dar su cédula de identidad, si es tan amable?
UNA CHICA:	Aquí tiene.

EL TAQUILLERO: Muy bien. Aquí está su boleto.
(Se va la chica y se acerca la señora mayor a la taquilla.)
UNA SEÑORA: Un boleto para la película de las siete y media, por favor.
EL TAQUILLERO: Aquí tiene.
UNA SEÑORA: ¿Y no quiere usted ver mi cédula de identidad?
EL TAQUILLERO: No hace falta, señora. Estoy seguro de que ya ha cumplido los diecisiete por lo menos unas cuatro veces.

⟪ COMPRENSIÓN ⟫

A. Number these statements (1–8) according to their sequence in the dialogue.

( ) El taquillero entrega el boleto a la señora.
( ) El taquillero pide ver la cédula de identidad.
( ) Se acerca la señora a la taquilla.
( ) La chica y la señora hacen fila frente a la taquilla.
( ) La chica muestra su cédula de identidad.
( ) La señora pregunta si el taquillero quiere ver su cédula de identidad.
( ) Se acerca la chica a la taquilla.
( ) El taquillero entrega el boleto a la chica.

B. Contesta las preguntas con frases completas.

1. ¿Dónde hacen fila la chica y la señora?
2. ¿Para qué hacen fila?
3. ¿Quién se acerca primero a la taquilla?
4. ¿Qué le pide a la chica el taquillero?
5. ¿La chica es mayor de diecisiete años?
6. ¿Quién se acerca luego a la taquilla?
7. ¿El taquillero le pide a la señora su cédula de identidad?
8. ¿Qué pregunta la señora al taquillero?

C. ¿Y tú?

1. ¿Te gusta ir al cine o prefieres alquilar películas en video?
2. ¿Cuándo fue la última vez que fuiste al cine?
3. ¿Qué película viste?
4. ¿Eres mayor de diecisiete años?
5. ¿Te suelen pedir tu cédula de identidad cuando vas al cine o alquilas un video?

◖ VOCABULARIO ◗

A. Find the verb that does not fit in the group.

1. acercan	acercaron	acercó	acercaste
2. vine	vino	viene	vinieron
3. dije	decimos	dijimos	dijo
4. dio	di	diste	da
5. estuvo	está	estuvimos	estuvo
6. fue	fui	fuimos	va

B. Adjective formation. Many Spanish adjectives are formed by adding the suffixes *-able* or *-ible* to the stem of the verb. If the infinitive ends in *-ar*, then the suffix *-able* is added. However, if the infinitive ends in *-er* or *-ir*, then *-ible* should be used. Form adjectives from the following infinitives.

MODEL: comer — *comible*
adorar — *adorable*

1. confortar
2. realizar
3. creer
4. lavar
5. excusar
6. convertir

◖ VERBOS ◗

A. Supply the appropriate preterite forms of the verbs given in parentheses.

1. El avión _____ y
_____ en las nubes.   *(alejarse, perderse)*
2. La joven _____
rápidamente del carro.   *(bajarse)*
3. Los niños _____
solos.   *(vestirse)*
4. Yo _____ al autobús
con mucho cuidado.   *(subirse)*
5. ¿Cuándo _____ a
Europa Gloria y Natalia?   *(irse)*

B. Change the following statements to request the things you need to perform the activities described.

MODEL: Necesito escribir una carta.
Déme una hoja de papel y un bolígrafo, por favor.

1. Quiero comer algo.
2. Me gustaría leer algo.
3. Voy a salir y está lloviendo.
4. Necesito saber cómo se llama usted.
5. Quiero llamarle por teléfono.
6. Me gustaría enviarle este sobre por correo.

◄ ESTRUCTURA ►

Complete the following passage by inserting the necessary words from those given below.

Las chicas **(1)** _____ al cine esta tarde después de clases.
Al llegar, **(2)** _____ fila frente a la taquilla. Una por una, las
chicas **(3)** _____ a la taquilla y la taquillera les **(4)** _____
a cada una su cédula de identidad porque la película que iban
a ver sólo era apta para mayores de dicisiete años. Una de
las chicas no **(5)** _____ su cédula y la taquillera no le
(6) _____ el boleto. Las chicas no **(7)** _____ dejar
a su amiga sola y **(8)** _____ no entrar a ver la película.
Pero, por suerte, al final **(9)** _____ la cédula y todas
(10) _____ contentas al cine.

apareció	entraron	pidió	vendió
decidieron	fueron	quisieron	
encontró	hicieron	se acercaron	

PARA ESCRIBIR O DIALOGAR

Create a story based on the topic *Una salida al cine o al teatro.*
You may use these suggested cues:

1. ¿Cuándo fuiste?
2. ¿Con quién fuiste?
3. ¿Qué película o qué obra de teatro viste?
4. ¿Cuánto costó el boleto de entrada?
5. ¿Te gustó la película o la obra de teatro?

28.
En el Museo del Prado

ANTES DE LEER: *El Prado en Madrid es uno de los museos de arte más famosos del mundo. ¿Te gusta el arte? ¿Qué tipo de pintura te gusta más?*

Un guía del Museo del Prado de Madrid está haciendo una encuesta a los visitantes que llegan al museo. El guía se acerca a una visitante.

EL GUÍA: Estamos haciendo una encuesta. ¿Podría* hacerle algunas preguntas?
UNA VISITANTE: ¡Cómo no!
EL GUÍA: ¿Me podría decir su nacionalidad?

---

*¿**Podría** . . . ? *May I . . .?*

UNA VISITANTE:	Soy española.
EL GUÍA:	¿De qué ciudad?
UNA VISITANTE:	De Valencia.
EL GUÍA:	¿Cuál es su profesión?
UNA VISITANTE:	Soy profesora de secundaria.
EL GUÍA:	¿Le podría preguntar qué la trae al museo? ¿Viene a ver nuestra colección de pinturas de maestros españoles?
UNA VISITANTE:	Este. . . Yo nada más he entrado para poder escapar de la lluvia.

⟪ COMPRENSIÓN ⟫

A. Indicate whether these statements are true or false. Write *V* for *verdadero* and *F* for *falso*. If the statement is false, correct it to make it true.

1. ( ) El guía está haciendo una encuesta.
2. ( ) El guía se acerca a una visitante.
3. ( ) El guía pregunta la edad de la señora.
4. ( ) La señora es española.
5. ( ) La señora es de Palencia.
6. ( ) El guía pregunta qué la trae a la señora al Prado.
7. ( ) La señora es profesora de secundaria.
8. ( ) La señora entró para escapar de la lluvia.

B. Contesta las preguntas con frases completas.

1. ¿Dónde está el guía?
2. ¿Qué hace allí?
3. ¿A quién se acerca el guía?
4. ¿Qué le pregunta el guía a la señora?
5. ¿De qué nacionalidad es la señora?
6. ¿De qué ciudad es?
7. ¿Cuál es su profesión?
8. ¿Qué la trae a la señora al Prado?

C. ¿Y tú?

1. ¿Te gusta visitar museos?
2. ¿Qué tipo de museo prefieres tú? ¿Por qué?
3. ¿Vas a menudo?
4. ¿Cuándo fue la última vez que fuiste a un museo?
5. ¿Qué museo fue?

⚜ VOCABULARIO ⚜

A. Match these synonyms.

A	B
1. querer	**a.** muchas veces
2. pinturas	**b.** algunas
3. amigos	**c.** desear
4. varias	**d.** disculpar
5. a menudo	**e.** cuadros
6. perdonar	**f.** compañeros

B. Match these related words.

A	B
1. madrileño	**a.** Ecuador
2. colombiano	**b.** Guatemala
3. peruano	**c.** Colombia
4. guatemalteco	**d.** Madrid
5. caraqueño	**e.** El Salvador
6. ecuatoriano	**f.** Caracas
7. salvadoreño	**g.** Perú

C. Complete each sentence with the appropriate nationality.

1. Si es de México, la persona es _____.

2. Si es de Bolivia, la persona es _____.

3. Si es de Cuba, la persona es _____.

4. Si es de República Dominicana, la persona es _____.

5. Si es de España, la persona es _____.

⚜ VERBOS ⚜

A. Complete these statements with the appropriate present-tense form of *venir*.

1. María _____ a la fiesta.

2. Yo _____ a cenar.

3. Manuela y yo _____ temprano.

4. Ellas _____ más tarde.

5. Tú _____ a las dos.

B. Complete these statements with the appropriate preterite form of *venir*.

1. Tú _____ a verme.
2. Ud. _____ a conversar.
3. Yo _____ por la tarde.
4. Nosotros _____ a tu casa.
5. Ellas _____ solas.

⟪ ESTRUCTURA ⟫

Match the segments in columns A and B.

A	B
1. La semana pasada, yo	**a.** venimos a verte.
2. Ayer, nosotros	**b.** vine a ver la colección
3. Ahora, nosotros	de pinturas españolas.
4. Dentro de unas horas, Horacio	**c.** viene a hablar contigo.
5. El mes pasado, Griselda	**d.** vinimos a tu casa.
6. El padre de la niña acaba de	**e.** vino a nuestra clase.
7. ¿Vienes	**f.** venir.
8. ¿Viniste	**g.** a la fiesta mañana?
	h. a comer temprano ayer?

PARA ESCRIBIR O DIALOGAR

Create a story based on the topic *El museo*. You may use these suggested cues:

1. ¿Cuál es tu museo preferido?
2. ¿Cuándo fuiste?
3. ¿Con quién fuiste?
4. ¿Había alguna exposición cuando fuiste?
5. ¿Te gustó la exposición?

29.
En el parque de diversiones

ANTES DE LEER: *¿Cuáles son las atracciones que más te gustan en los parques de diversiones?*

Andrés y Hugo fueron al parque de diversiones la semana pasada. Esto fue lo que pasó . . .

HUGO: ¿Quieres un helado? Yo te invito.
ANDRÉS: Gracias.
HUGO: ¿Qué te parece si nos subimos a la noria?[1] Ya compré dos boletos.

---

[1]**noria** *Ferris wheel*

ANDRÉS: Cómo no, ¡vamos!
        (Andrés y Hugo suben a la noria.)
HUGO: ¿Y ahora por qué no nos subimos a la montaña rusa?[2]
        Tengo boletos para los dos.
ANDRÉS: Gracias. ¡Eres genial!
        (Los dos amigos suben a la montaña rusa.)
HUGO: ¡Eso sí estuvo emocionante! ¿Y ahora, qué tal si nos
        tiramos en esos paracaídas[3] desde aquella torre?
ANDRÉS: ¡Bárbaro! Vamos.
HUGO: Oye, hay un problemita. Me quedé sin dinero.
        ¿Me prestas? Yo luego te pago.
ANDRÉS: ¿Sabes qué? ¿Por qué no lo dejamos para otra ocasión?
        La verdad es que tengo mucho miedo a la altura.

◖ COMPRENSIÓN ◗

A. Indicate whether these statements are true or false. Write *V* for
verdadero and *F* for *falso*. If the statement is false, correct it to
make it true.

  1. ( ) Andrés y Hugo son amigos.
  2. ( ) Los dos van a un parque de diversiones.
  3. ( ) Hugo no es generoso.
  4. ( ) Andrés no es generoso.
  5. ( ) Hugo le ofrece un helado a Andrés.
  6. ( ) Andrés compra los boletos para la noria.
  7. ( ) Hugo compra los boletos para la montaña rusa.
  8. ( ) A Hugo se le termina el dinero.

B. Contesta las preguntas con frases completas.

  1. ¿Adónde van Andrés y Hugo?
  2. ¿Quién compra helados para los dos?
  3. ¿En qué se suben primero los dos amigos?
  4. ¿Quién compra las entradas para la noria?
  5. ¿En qué se suben luego?
  6. ¿Quién compra las entradas?
  7. ¿Qué le pasa después a Hugo?
  8. ¿Crees que Andrés le tiene miedo a la altura?

---

[2]**montaña rusa**
  roller coaster
[3]**paracaídas** *parachutes*

C. ¿Y tú?

1. ¿Has ido alguna vez al parque de diversiones?
2. ¿Cuándo fue la última vez que fuiste?
3. ¿Te divertiste?
4. ¿Fuiste con tu familia o con amigos?
5. ¿Qué atracciones te gustaron más?

✎ VOCABULARIO ✐

A. Complete each sentence with the adjective that corresponds to the noun in parentheses.

1. Es una alumna _____.	*(estudio)*
2. ¡Qué chicas más _____!	*(simpatía)*
3. Sus dependientes son muy _____.	*(amabilidad)*
4. Mis padres están muy _____ en su nueva casa.	*(felicidad)*
5. ¡Qué _____ son las niñas de Yolanda!	*(respeto)*
6. El ministro de ese país no es _____.	*(honradez)*
7. Es una idea realmente _____.	*(origen)*
8. Oye, ¡qué _____ eres, niña!	*(peso)*

B. Complete each sentence with the appropriate preposition.

1. El hombre estaba sentado delante _____ los chicos.
2. Puse los libros encima _____ la caja.
3. Caminó en dirección a Belén. Iba _____ ella.
4. Vengo _____ ver la exposición de Goya.
5. Acabo _____ salir de la reunión.
6. Mariano viene hoy. Llega _____ Inglaterra _____ las cinco de la tarde.
7. Vamos _____ comprar una computadora nueva.
8. _____ mí me duele el hombro.
9. Le regalamos un cuadro _____ mamá.
10. Espero _____ Braulio.
11. Los cuadernos están baratos. Dos _____ el precio de uno.
12. No salgo sola. Voy _____ mis amigas.

◖◌ VERBOS ◌◗

A. Complete each sentence with the appropriate preterite form of the verbs in parentheses.

1. Oye, Irene, ¿qué _____?   *(hacer)*

2. Yo _____ miembro del club de ajedrez.   *(ser)*

3. Victoria _____ hoy a casa.   *(venir)*

4. Bruno _____ que irse temprano.   *(tener)*

5. ¿Adónde _____ los chicos?   *(ir)*

6. ¿Qué _____ usted con los documentos?   *(hacer)*

7. Sara, ¿por qué _____ Ud. que salir?   *(tener)*

8. No me preguntes dónde _____ yo.   *(estar)*

9. ¿Qué _____ haciendo ustedes?   *(estar)*

10. Anoche, yo _____ a las diez.   *(venir)*

11. Tú y yo _____ que despertarnos temprano.   *(tener)*

12. Nosotros _____ toda la compra para la casa.   *(hacer)*

13. Oye, Amalia. ¿_____ al supermercado?   *(ir)*

14. Yo _____ todo el trabajo.   *(hacer)*

15. Ese hombre _____ presidente de la compañía.   *(ser)*

16. Ellos _____ campeones de natación.   *(ser)*

B. Use selected verbs from Exercise A to write five complete sentences.

✥ ESTRUCTURA ✥

Complete the following passage by inserting the necessary words from those given below.

Ayer, las chicas y yo **(1)** _____ a pasar el día en el parque. **(2)** _____ la comida y las bicicletas; **(3)** _____ todo en el carro y **(4)** _____ de casa muy temprano. Cuando **(5)** _____ al parque, había muy poca gente. **(6)** _____ un lugar seguro donde dejar el carro; lo **(7)** _____ y **(8)** _____ a nuestras bicicletas. **(9)** _____ casi una hora y media. Hacia el mediodía, **(10)** _____ las bicicletas en el carro y **(11)** _____ nuestra cesta de comida. Extendimos un mantel en el césped y **(12)** _____ a comer.

anduvimos	fuimos	preparamos
buscamos	llegamos	pusimos
dejamos	nos sentamos	sacamos
estacionamos	nos subimos	salimos

Para escribir o dialogar

Create a story based on the topic *Una excursión al campo o al parque de diversiones.* You may use these suggested cues:

1. ¿A qué lugar fuiste?
2. ¿Cuándo fuiste?
3. ¿Con quién fuiste?
4. ¿Qué hiciste en ese lugar?
5. ¿Cuánto tiempo te quedaste?
6. ¿Te gustó la excursión?

30.
En la pizzería

ANTES DE LEER: *¿Conoces a personas "difíciles"? ¿Cómo las tratas?*

Una chica entra en una pizzería y se sienta en una mesa. Viene el camarero.

EL CAMARERO: Buenas tardes, ¿qué desea?
LA CHICA: Una pizza, por favor, con un vaso de agua mineral bien helada.
EL CAMARERO: ¿Qué tipo de pizza desea?
LA CHICA: Una pizza mediana vegetariana.
EL CAMARERO: Cómo no.
(*Pasan unos minutos y regresa el camarero con la pizza y el agua mineral.*)

LA CHICA:	Gracias.
EL CAMARERO:	A usted.
	(Después de unos veinte minutos, la chica llama al camarero.)
LA CHICA:	¡Qué mal servicio! La pizza estaba[1] fría y el agua mineral estaba tibia. Tiene que traerme otra pizza y otro vaso de agua.
EL CAMARERO:	¿Pero por qué no me lo dijo antes? Usted ya se ha terminado[2] casi toda la pizza y el agua mineral.
LA CHICA:	Es que quería[3] estar segura antes de quejarme.

⸎ COMPRENSIÓN ⸎

A. Match the segments in columns A and B.

A	**B**
1. Una chica entra	**a.** al camarero.
2. La chica se sienta	**b.** el camarero.
3. Viene	**c.** en una mesa.
4. La chica pide	**d.** casi toda la pizza.
5. El camarero pregunta	**e.** en una pizzería.
6. La chica come	**f.** quería estar segura antes de quejarse.
7. La chica llama	**g.** qué tipo de pizza quiere.
8. La chica dice que	**h.** una pizza y un vaso de agua mineral.

B. Contesta las preguntas con frases completas.

1. ¿Dónde está la chica?
2. ¿Qué le pide al camarero?
3. ¿Qué tipo de pizza desea?
4. ¿Qué pide para beber?
5. ¿Después de cuánto tiempo llama la chica al camarero?
6. ¿Qué le dice la chica?
7. ¿Qué pregunta el camarero?
8. ¿Por qué la chica no llamó antes al camarero?

---

[1]**estaba** *was*
[2]**Usted ya se ha terminado** *You have already finished*
[3]**quería** *wanted*

C. ¿Y tú?

1. Si la comida no está como pediste, ¿te quejas?
2. Si no te sirven bien, ¿dejas propina?
3. ¿Tiene razón la chica del diálogo? ¿Por qué?
4. ¿Te parece bien lo que hace?
5. ¿Crees que la chica simplemente quiere otra pizza y más agua mineral?

✺ VOCABULARIO ✺

A. Match these antonyms.

A	B
1. primera	a. antes
2. fría	b. muchísimo
3. dura	c. última
4. todo	d. levantarse
5. poquito	e. caliente
6. más tarde	f. nada
7. sentarse	g. blanda

B. Cognates. Many English words that end in *-or* have the same ending in Spanish. However, you must be careful to pronounce them correctly. For example: *horror*. Say these words in Spanish.

1. actor	6. favor
2. superior	7. editor
3. color	8. motor
4. honor	9. interior
5. exterior	10. director

C. Cognates. Many English words that end in *-ar* also have the same ending in Spanish. However, you must be careful to pronounce them correctly. For example: *regular*. Say these words in Spanish.

1. regular	6. popular
2. muscular	7. similar
3. auxiliar	8. lunar
4. vulgar	9. solar
5. peninsular	10. familiar

◄◎ VERBOS ◎►

A. General Review. Complete these statements with the appropriate present-tense form of the verb indicated in parentheses.

*1. Tú _____ el guía del grupo. *(ser)*
*2. Juan _____ en Madrid. *(estar)*
*3. Yo _____ a San Juan en diciembre. *(ir)*
*4. Ellos _____ que hacer un viaje. *(tener)*
*5. La niña _____ su juguete. *(encontrar)*
6. El hotelero _____ Ramón. *(llamarse)*
7. La chica _____ estudiar español. *(querer)*
8. Tú _____ cebolla en la hamburguesa. *(poner)*
9. ¿Qué _____ Uds.? *(pedir)*
10. El camarero _____ la sopa. *(servir)*
*11. Yo _____ a muchas personas. *(conocer)*
*12. El chico _____ fútbol. *(jugar)*
13. Ellos _____ muchísimo. *(dormir)*
*14. Tú _____ tu hamburguesa con queso. *(preferir)*
15. Yo no _____ cantar muy bien. *(saber)*
16. La tortilla _____ bien. *(oler)*
*17. ¿_____ tú en Lima? *(quedarse)*
*18. Yo _____ a las ocho de la mañana. *(salir)*
*19. Ellos _____ muy temprano. *(levantarse)*
20. Yo siempre _____ la verdad. *(decir)*

B. Change the sentences that are starred in Exercise A to the preterite.

◄◎ ESTRUCTURA ◎►

Select the correct response for each statement.

1. Es la hamburguesa _____ señora.
   a. del
   b. de la
   c. de los
   d. de las

2. A mí _____ gustan los jugos.
   a. me
   b. te
   c. le
   d. se
3. Ramón y yo vamos al cine. Él va _____.
   a. contigo
   b. conmigo
   c. con nosotros
   d. con él
4. Las señoras entran _____ el comedor.
   a. de
   b. para
   c. en
   d. con
5. Ella pide su comida. Ella _____ pide.
   a. lo
   b. la
   c. los
   d. las
6. Son las tres y media _____ la tarde.
   a. de
   b. por
   c. para
   d. en
7. Es una plaza _____.
   a. antiguo
   b. antigua
   c. antiguos
   d. antiguas
8. ¿_____ quién es el reloj?
   a. Con
   b. A
   c. Por
   d. De
9. Lourdes compra _____ blusas.
   a. ese
   b. esa
   c. esos
   d. esas

10. El doctor Suárez es _____ buen médico.
   a. uno
   b. un
   c. una
   d. unos

11. Nosotros _____ damos a ellos un regalo.
   a. les
   b. le
   c. los
   d. las

12. ¡Compre el diccionario! ¡_____!
   a. Cómprela
   b. Cómprelos
   c. Cómprelas
   d. Cómprelo

13. Tenemos que preparar _____ maletas.
   a. nuestro
   b. nuestra
   c. nuestros
   d. nuestras

14. Hoy no voy _____ trabajar.
   a. a
   b. en
   c. de
   d. con

15. No tengo _____ pregunta.
   a. ningún
   b. ninguna
   c. ninguno
   d. ningunas

PARA ESCRIBIR O DIALOGAR

Create a story based on the topic *Un incidente en un restaurante.*
You may use these suggested cues:

   1. ¿Dónde pasó?
   2. ¿Qué ocurrió?
   3. ¿Cuándo tuvo lugar?
   4. ¿Por qué pasó?
   5. ¿Cómo se resolvió?

ᴪ Spanish-English Vocabulary ᴪ

A

a at, to
a ver let's see, let me see
  A ver si te callas la boca Why
    don't you keep your mouth shut
abogado lawyer
abrigo overcoat
abrir to open
abuelo, -a grandfather, grandmother
acá here, over here
acabar to finish, end
  acabar de to finish doing
    something; to have just done
    something
acercarse (a) to approach, go near,
  come closer
acompañar to accompany
adelante forward, ahead
además besides
admirar to admire
¿adónde? (to) where?
adorno decoration
aduana customs
aduanero, -a customs inspector
aeropuerto airport
agotarse to be sold out
agujero hole
¿ah sí? oh, yeah?
ahora now
ahorrativo, -a thrifty
aislado, -a isolated
alegrarse (de) to be glad, be happy
  (about)
alegría happiness
algo something
alguno, -a *(adj.)* some, any
  algunos, -as *(pl. pronoun)* some
    people
allá there, over there
allí there
almacén *(m.)* department store
almorzar *(ue)* to have lunch
almuerzo lunch

alquilar to rent
altura height
amable kind, nice
  si es tan amable if you would be
    so kind; if you please
amigo, -a friend
amor *(m.)* love
ancho, -a wide, broad
animado -a lively
anoche last night
anterior previous, earlier
antes (de) before
antiguo, -a ancient, old
año year
aplicar to apply
  aplicar/poner una inyección
    to give a shot
aprobar *(ue)* to pass a test
apto, -a apt, appropriate
  apta para mayores de diecisiete
    años appropriate for persons
    older than seventeen, NR17
aquel, -ella that; *(pl.)* those
aquí tiene here you are
aquí here
arreglar to arrange; to fix
arroz *(m.)* rice
  arroz con pollo chicken with rice
asiento seat
atender *(ie)* **(a)** to attend to, help
  (a customer), to take care of
atrás the back, in the back
atún *(m.)* tuna fish
avión *(m.)* airplane
ayer yesterday
ayudar to help
azul blue

B

bailar to dance
  ¿Bailamos? Shall we dance?
  ¿Qué tal bailas? How well can
    you dance?

bajar (de) to go down; to descend;
to get off
  bajar de peso to lose weight
banco bank
banquero, -a banker
banquete *(m.)* banquet
¡bárbaro! great!, excellent!, cool!
barra bar, restaurant counter
báscula scale
bastante enough, a lot; quite, rather
  bastante bien quite well
bien well
bienvenido, -a welcome
billete *(m.)* bill *(paper money)*
billetera wallet
biología biology
boca mouth
boda wedding
boleto ticket
bolsillo pocket
bombero firefighter
bonito, -a pretty, good-looking
botella bottle
brazo arm
buenas tardes good afternoon
buenísimo, -a *superlative of*
  bueno, -a
bueno, -a *(adj.)* good
bueno *(adv.)* okay, all right
buenos días good morning,
  good day
buscar to look for

C

cabeza head
cada each
caer(se) to fall; to fall down
café *(m.)* coffee; coffee shop;
  brown
caja cashier; box
cajero, -a cashier, teller
cajón *(m.)* drawer; large box
calcetín *(m.)* sock
calcular to calculate
caliente hot, warm
calle *(f.)* street
camarero, -a waiter, waitress
cambiar to change, exchange
cambio change
caminar to walk
cara face
  ¡qué cara tienes! you don't look
  too well!

carne *(f.)* meat
carne roja red meat
  estofado de carne beef stew
caro, -a expensive
carro car
carta letter; menu
casa house
casarse (con) to marry
casi almost
causa cause
causar to cause
cebolla onion
cédula de identidad I.D. card
celebrar to celebrate
cena dinner
cenar to dine, have dinner
centavo cent
centro center; downtown
  centro comercial shopping center,
  shopping mall
cerca (de) near
ceremonia ceremony
cereza cherry
cerrar *(ie)* to close
cheque *(m.)* check
chico, -a boy, girl; young man,
  young woman
chiste *(m.)* joke
chocolate *(m.)* chocolate
cine *(m.)* movies, movie theater
  ir al cine to go to the movies
cita appointment, date
  pedir cita to make an appointment
ciudad *(f.)* city
  ¿de qué ciudad? from what city?
claro, -a *(adj.)* clear; light-colored
claro *(adv.)* of course
clase *(f.)* class
club *(m.)* club
cobrar to charge
coche *(m.)* car
cocina kitchen; cuisine
cocinar to cook
codo elbow
colección *(f.)* collection
colegio school, high school
comenzar *(ie)* to begin, start
comer to eat
comida food, meal
  comida rápida fast food
como like; as; since, given that
cómo how
completamente completely

compra shopping, buy
  hacer las compras to do one's
    shopping
  ir de compras to go shopping
comprar to buy
  ya compré I've already bought
comprender to understand
comprobar *(ue)* to check, verify
común common
conmigo with me
conocer to know, be acquainted with;
  to meet
conocimiento knowledge
conservador, -a conservative
consomé *(m.)* consommé, broth
constantemente constantly
consultorio dentist's or doctor's office
contagioso, -a contagious
contestar to answer
contigo with you
conversar to talk, chat, converse
convertir *(ie)* to turn into
  convertirse to become
corbata tie
cortar to cut
corte *(m.)* cut
corte de pelo haircut
corto, -a short
cosa thing
costados sides
costumbre *(f.)* custom, habit
crédito credit
  tarjeta de crédito credit card
creer to believe; to think
  ¿no crees? don't you think so?
crema cream
cuál, -es which? what?
cuánto, -a how much; *(pl.)* how many
cuarto *(n.)* room; quarter
cuarto, -a *(adj.)* fourth
cuello neck
cuenta account, bill
cumpleaños *(m. sing.)* birthday
  feliz cumpleaños happy birthday
cumplir años to turn one year older
  ha cumplido los diecisiete
    you have turned seventeen
¡cómo que . . . ! what do you
  mean . . . !

D

dar to give
de of, from, belonging to

de pronto suddenly
de todo anything (and everything)
deber should, must, ought to; to owe
decir to say, tell
declaración *(f.)* declaration, statement
declarar to declare, to state
dejar to leave; to quit; to abandon;
  to let, allow
  dejar de to stop doing something
  déjame let me; leave me (alone)
delante (de) in front (of)
delicioso, -a delicious
déme give me
dentista *(m. & f.)* dentist
dentro (de) inside (of), within
departamento department
dependiente, -a clerk
deporte *(m.)* sport
depositar to deposit
derecho, -a *(adj.)* right; straight
  a la derecha to the right
  derecho *(adv.)* straight (ahead)
desayunar to have breakfast
desayuno breakfast
desear to desire, want; to wish
  ¿desea . . . ? would you like . . . ?
  ¿qué desea? may I help you?
deseo desire, wish
desmayado, -a unconscious
desmayarse to faint, lose
  consciousness
despensa pantry
después (de) after
detener to stop
devolver *(ue)* to return, give back
día *(m.)* day
dieta diet
  estar a dieta to be on a diet
dime tell me
dinero money
director, -a director, principal
diría I would say
disculpe pardon me, excuse me
diversión *(f.)* diversion, amusement,
  entertainment
divertido, -a amusing, funny
divertirse *(ie)* to amuse oneself,
  have a good time
divino, -a divine
dólar *(m.)* dollar
doler *(ue)* to ache, hurt
  (me) duele it hurts (me)
dolor *(m.)* pain

domingo *(m.)* Sunday
donde where
¿dónde? where?
  ¿de dónde? from where?
dormir *(ue)* to sleep
  dormirse to fall asleep
dormitorio bedroom
dulce *(m. n.)* candy
duro, -a hard

E

echar to throw, cast
  echar a perder to spoil, ruin
ejercicio exercise
ejército army
electricista *(m. & f.)* electrician
elegir *(i)* to choose, pick
empezar *(ie)* to begin
en seguida right away, immediately
enamorarse (de) to fall in love (with)
encontrar *(ue)* to find, encounter
encontrarse to find oneself, be
  encontrarse con to run into,
    meet
encuesta poll, survey
  hacer una encuesta take a poll,
    take a survey
enfermarse to become ill
enfermedad *(f.)* illness
enfermero, -a nurse
enfermo, -a sick, ill
enorme enormous, huge
enseñar to teach
entero, -a entire, whole
entonces then; later on, afterwards
entrada entrance
entrar (en, a) to enter (in, into)
es que . . . what happens is that . . .
escapar to escape
escuchar to listen (to)
escuela school
eso sí te lo creo (about) that I
  believe you
eso that;
  es eso that's it
español, -a Spanish; Spaniard
esperar to wait for, expect;
  to hope
esposo, -a husband, wife
estación *(f.)* season, station
estacionar to park
Estados Unidos United States
estante *(m.)* shelf

estar to be
este, -a this; *(pl.)* these
  este . . . *(interjection) indicates a*
    hesitation in speech
estofado de carne beef stew
estómago stomach
estudiar to study
estudioso, -a studious, hard-working,
  applied
estupendo, -a stupendous, marvelous,
  great
exagerar to exaggerate
examen *(m.)* exam, test, examination
excursión *(f.)* excursion, tour, outing
  hacer una excursión to take a
    tour
explicar explain
extranjero, -a foreign
extraño, -a strange
¿Está bien así? Is it okay like this?

F

fabuloso, -a fabulous
falda skirt
falta lack; fault
  no hace falta there's no need
faltar to be lacking, be missing
fama fame
  tener fama (de) to be famous (for)
familia family
famoso, -a famous
favor *(m.)* favor
  por favor please
favorito, -a favorite
feo, -a ugly
fiebre *(f.)* fever
fiesta party, celebration; holiday
filete fillet
  filete de pescado fish fillet
fin *(m.)* end
  fin de semana weekend
fino, -a fine, delicate; thin
forma form, shape, way, manner
formar to form, make
  formar fila to stand in line;
    to make *or* form a line
francés, -esa French; Frenchman,
  Frenchwoman
fresa strawberry
fresco, -a fresh
frío, -a cold
fruta fruit
fuente *(f.)* fountain; source

fuera outside, out
fútbol *(m.)* soccer

G

ganar to win; to earn
gastar to spend
¡genial! fantastic!, great!
gente *(f. sing.)* people
gerente manager
gimnasio gym
gordo, -a fat
gracias thanks, thank you
  gracias por . . . thanks for . . .
graso, -a fatty
grito scream
guapo, -a good-looking,
  handsome
guardia *(m. & f.)* guard
guía *(f.)* guidebook
  guía *(m. & f.)* guide (person)
gustar to like, be pleasing to

H

habla speech
  de habla hispana
    Spanish-speaking
hablar to speak, talk
hacer to do; to make
  hacer compras to shop
  hacer fila to stand in line; to make
    or form a line
  hacer preguntas to ask questions,
    to pose questions
hambre *(f.)* hunger
  tener hambre to be hungry
hamburguesa hamburger
hamburguesería hamburger
  "joint"
hasta until
hay there is, there are
helado ice cream
hermano, -a brother, sister
hijo, -a son, daughter
hogar *(m.)* home
hola hello
hombre *(m.)* man
hora hour; time
  es hora de + *noun* it's . . .
    time
  es hora de + *infinitive* it's
    time to/for
hospital *(m.)* hospital

hotel *(m.)* hotel
hotelero, -a hotel keeper
hoy today
huésped *(m.)* guest
huevo egg

I

idea idea, notion
iglesia church
igual equal, same
importante important
infelizmente unfortunately
inglés, -esa English; Englishman,
  Englishwoman
injusto, -a unfair, unjust
insoportable unbearable
internacional international
interrumpir to interrupt
invitado, -a guest
invitar to invite; to treat
  yo te invito it's my treat
inyección injection, shot
ir to go
  ir a to go to
  ir a + *infinitive* to be going to
  ir de compras to go shopping
  irse to go away
izquierdo, -a left
  a la izquierda to the left

J

jardín *(m.)* garden
jefe, -a boss
joven *(adj.)* young *(m. & f. noun)*
  young man, young woman
jovencita *(f.) diminutive of* **joven**
jueves *(m.)* Thursday
jugar *(ue)* to play
junto, -a together; close to

L

lado side
  al lado de next to
largo, -a long
lata can
lección *(f.)* lesson
leche *(f.)* milk
lechuga lettuce
leer to read
levantar to raise, lift
  levantarse to get up
  ¡levántate! get up!

libra pound
librería bookstore
licor *(m.)* liquor
limpiar to clean
lindo, -a pretty, good-looking
listo, -a ready, prepared; clever
  estar listo, -a to be ready, be
    prepared
  ser listo, -a to be clever, be smart
llamarse to be called, be named
llave *(f.)* key
llegar to arrive
llevar to carry, bring; to take; to wear
llorar to cry
lluvia rain
luego then, afterwards
lugar *(m.)* place, location
lujoso, -a luxurious, fancy
lunes *(m.)* Monday
luz *(f.)* light

M

madre *(f.)* mother
maestro, -a teacher
mal *(adv.)* bad
  malo, -a *(adj.)* bad
maleta suitcase
mamá mom, mother
  mami mommy
mañana tomorrow
manera manner, way
  de esta manera this way
maniático, -a crazy
mano *(f.)* hand
mantequilla butter
manzana apple
marido husband
martes *(m.)* Tuesday
más more
más tarde later
matemáticas mathematics
mayonesa mayonnaise
mayor bigger, larger; older
mayoría majority
me dijeron they told me, I've been
  told
¿me podría decir . . . ? could you
  tell me . . . ?
médico, -a physician
medio, -a *(adj.)* half, middle
  media hora half hour
  medio *(adv.)* somewhat, rather

mejor better
  mejor otro día some other day
menos mal que . . . It's a good
  thing . . .
mentir *(ie)* to lie, to tell a lie
mentira lie
mesa table
mesero, -a waiter, waitress
meter to put in
mi my
mí *(personal pron.)* me, myself
microbio microbe, germ
miedo fear
  tener miedo (de) to be afraid (of)
mientras while
miércoles *(m.)* Wednesday
minuto minute
mirar to look at
mismo, -a same;
  a sí mismo, -a to himself,
    to herself
  lo mismo the same (thing)
moda fashion
  estar a la moda to follow the
    trends in fashion
  estar de moda to be in style
moderno, -a modern
molestar to bother, annoy
momento moment
moneda coin; currency
monje *(m.)* monk
montaña rusa roller coaster
mostrar to show
muchísimo *(adv.) superlative of*
  mucho
mucho, -a *(sing.)* much; *(pl.)* many
  muchísimo, -a *(sing.)* very much;
    (pl.) very many
muela tooth; molar
mueso museum
mujer *(f.)* woman; wife
multa fine, penalty
mundo world
  todo el mundo everybody
muslo thigh
muy very, too

N

nada nothing
  nada más simply, just, only
  para nada not at all; not in the
    least

nadie nobody
naranja orange
necesario, -a necessary
necesitar to need
nervioso, -a nervous
ni nor, not even
ninguno, -a none, not one
   ningún (before a masc. sing. noun)
niño, -a child
no creo I don't think so
noche (f.) night
   esta noche tonight
noria Ferris wheel
nota mark, grade, note
novio, -a boyfriend, girlfriend;
   fiancé, fiancée
nuestro, -a our
nunca never, ever

O

ocasión occasion, time
   en otra ocasión some other time
ocho eight
ocupado, -a busy, occupied
oficina office
oído ear; hearing
oír to hear
ojo eye
oler (hue) to smell
olvidar to forget (to)
   olvidaste you forgot
opinar (de) to think (of), to have an
   opinion (about)
oreja (outer) ear
oro gold
orquesta orchestra, band
otro, -a other, another
   otra vez again, another time,
   one more time
oye listen

P

pagar to pay
pago payment
   día de pago payday
país (m.) country
papa potato
papá dad, father
paquete (m.) package
paracaídas (m. sing.) parachute
parecer to seem, to appear
   ¿qué te parece. . . ? how do
   you like . . . ? what do you think?

pareja couple
pariente (m. & f.) relative
parque (m.) park
   parque de diversiones (m.)
   amusement park
parte (f.) part
pasado, -a (adj.) past, last
   pasado (n.) past
pasajero, -a passenger
pasar to happen; to pass; to be the
   matter; to spend time
   pasar + gerund to spend time
   doing something
   pasar en vela to stay up, to stay
   awake
   pasar por la aduana go through
   customs
   ¿qué te pasa? what's going on with
   you?; what's wrong with you?
pasatiempo hobby, pastime
pasear to walk, to take a walk
paseo walk, outing
   dar un paseo to take a walk,
   to go on an outing
pasillo hallway, corridor
pavo turkey
pecho chest
pechuga de pollo chicken breast
pedir (i) to ask for; to order
peinado hairstyle, hairdo
película film, movie
pelo hair
peluquería barbershop, hairdresser's
   shop
peluquero, -a barber, hairdresser
pensar (ie) to think
   pensar + infinitive to plan to . . .
pepinillos pickles
pequeño, -a small
perder (ie) to lose
perdonar to forgive, excuse, pardon
perfecto, -a perfect
periódico newspaper
permitir to permit, to allow
pero but
persona person
pesado, -a heavy
pescado fish
peso weight; name of monetary unit
picar to chop; to dice
   picar cebolla to chop onions
pide (familiar sing. command) ask,
   order

pierna leg
piloto *(m. & f.)* pilot
pinchazo sting
pintura painting
pista de baile dance floor
placer *(m.)* pleasure
  es un placer it's my pleasure
plomero, -a plumber
poco, -a *(sing.)* little *(small quantity);*
  (pl.) few
  dentro de poco in a short time
poder *(ue)* to be able to, can
pollo chicken
  pollo al horno roast chicken
poner to put
por fin finally, at last
por for, through
  por favor please
  ¿por qué? why?
por supuesto of course
porque because
portarse to behave, to conduct
  oneself
portero, -a doorman, doorwoman
postre *(m.)* dessert
precio price
precisamente precisely; really,
  actually
preferido, -a favorite, preferred
preferir *(ie)* to prefer
pregunta question
preguntar to ask, question
preocupar(se) to worry,
  preoccupy (to be worried,
  be preoccupied)
preparar to prepare
presidente, -a president
prestar a to lend (to someone)
  prestar de to borrow (from
  someone)
primero, -a first
  primer *(before a sing. masc. noun)*
primo, -a cousin
principal main, principal
prisa hurry
  tener prisa to be in a hurry
problema *(m.)* problem;
  problemita *diminutive* of
  problema
profesor, -a school teacher, college
  professor
prometer to promise

pronto soon, early; quickly
protagonista *(m. & f.)* protagonist,
  main character
puerta door
pues then
pulmón *(m.)* lung
puntapié *(m.)* kick

Q

que that, which; what; who, whom;
  than
¿qué? what?
  ¡qué + *adj.!* what a . . . !
  ¿qué (lo) trae a (usted) al museo?
  what brings you to the museum?
  ¿qué más? what else?
  ¿qué tal? how are you doing?
  ¿qué tal . . . ? how about . . . ?
quedar(se) to stay, to remain
  me quedé sin dinero I ran out of
  money
querer *(ie)* to want; to wish; to love
queso cheese
¿quién, -es? who?
quinto, -a fifth
quitarse to take off, to remove

R

rábano radish
rato a short while
razón *(f.)* reason
  tener razón to be right
realizar to accomplish, achieve
realmente really, indeed
rebanada slice
recibir to receive
recibo receipt
recoger to gather, collect, pick (up)
recomendable recommended,
  advisable
reconocer to recognize, acknowledge
recordar *(ue)* to remember;
  to remind
refresco refreshment
refrigerador *(m.)* refrigerator
regalar to give away, give a
  present
regalo gift
regresar to return
reírse to laugh
reloj *(m.)* clock, watch
repasar to review, go over

repetir *(i)* to repeat
res *(m.)* beef
respirar to breathe
responder to respond, answer
respuesta answer
restaurante *(m.)* restaurant
rico, -a rich; delicious
rodilla knee
ropa clothing

S

sábado Saturday
sabor *(m.)* flavor
sabroso, -a delicious, tasty
sacar to take out, remove
  sacarse to take off, remove
sala hall; room
  sala de cine movie theater
  sala de estar living room
salida exit
salir to go out, leave
salsa sauce
  salsa de tomate tomato sauce
saludable healthy, healthful
santo saint; name's day
sección *(f.)* section
secretario, -a secretary
seguir *(i)* to continue, follow
seguro, -a sure; safe
  estar seguro de to be sure of
semana week
  fin de semana weekend
  la semana pasada last week
señor mister, sir
señora Mrs. *(married woman)*,
  older woman
señorita miss *(unmarried
  woman)*,
  young lady
sentar *(ie)* to seat; to agree with
  no me sienta bien it doesn't
  agree with me
sentarse (ie) to sit down
sentí I felt (see *sentir*)
sentido sense; direction
  sentido del humor sense of
  humor
sentir(se) *(ie)* to feel; to be sorry
  lo siento I'm sorry
  siento decepcionarte I'm sorry
  to disappoint you
ser to be
servicio service

servir *(i)* to serve, to help
  (a customer at a store)
¿qué le sirvo? what will you have?,
  what would you like to eat?
  sírvame serve me
si if
sí yes; indeed
  sí, cómo no yes, of course
siempre always
significar to mean, signify
siguiente next, following
  al día siguiente on the following
  day
silla chair
sitio location, site, place
sobre on, over, above, upon; about
  sobre todo above all, most of all,
  especially
solamente only
soldado soldier
soler *(ue)* + *infinitive* to do
  something habitually
solo, -a alone
sólo only
sonar *(ue)* to ring, to sound
soñar *(ue)* (con) to dream (about)
sopa soup
sorprendido, -a surprised
su his, her; your *(formal)*; their
subir (a) to go up, to get on a ride
sueño sleep, dream
  tener sueño to be sleepy
supermercado supermarket

T

tacaño, -a stingy
también also, too
tampoco neither, not . . . either
  ni yo tampoco me neither
tan see *tanto, -a*
tanto, -a *(sing.)* so, so much *(pl.)*
  so many
  tan *(used before an adjective or
  adverb)*
tanto . . . como as . . . as
tapar to cover
taquilla box office
taquillero, -a box office attendant
tarde *(adv.)* late; *(f. n.)* afternoon
  buenas tardes good afternoon
tarea homework, task
tarjeta card
  tarjeta de crédito credit card

150

tela cloth, fabric
televisión *(f.)* television
teléfono telephone
temperatura temperature
temprano early
tener to have
  tener confianza to have confidence
  tener en cuenta to take into
    account, to take into
    consideration
  tener fama (de) to have fame,
    to be famous (for)
  tener ganas (de) to feel like doing
    something
  tener hambre to be hungry
  tener miedo (de) to be
    afraid (of)
  tener prisa to be in a hurry
  tener que to have to, must
  tener razón to be right
  tener sed to be thirsty
  tener sueño to be sleepy
  tener vergüenza to be
    embarrassed
tenga here you are
terminar (de) to finish
  (doing something)
ti *(object. pron.)* you, to you
tibio, -a warm
tiempo time; weather
tienda store, shop
tiendita *diminutive of* **tienda;**
  small grocery store
tienes *(see **tener**)*
tijeras *(pl.)* scissors
tintorería dry cleaner's
tintorero, -a dry cleaner
tío, -a uncle, aunt
tirar to throw; to throw away
  tirarse (de) to throw oneself from,
    to jump from
tocar to play music or an instrument;
  to touch
tocino bacon
todavía still, yet
todo, -a all; *(sing.)* every
  todo el mundo everybody
  todos, -as everybody
todos everybody, everyone
tomacorriente *(m.)* electrical outlet
tomar to take, to drink
tomate *(m.)* tomato
  salsa de tomate tomato sauce

tonto, -a silly, dumb, stupid
  tontuelo, -a *diminutive of* **tonto, -a**
torre *(f.)* tower
tortilla Spanish omelet; Mexican
  crepe
trabajar to work
trabajo work, job
tronco trunk *(of body)*
tu your *(sing. familiar)*
tú *(pers. pron.)* you
  (sing. familiar)
turístico, -a tourist *(adj.)*

U

último, -a last
  última vez last time
usar to use, to wear
usted, -es you *(sing. formal & pl.
  formal)*

V

vacaciones *(f. pl.)* vacation
  estar de vacaciones to be on
    vacation
vacío, -a empty; empty-headed
vainilla vanilla
valer to be worth
valija suitcase
variado, -a varied
vegetal *(m.)* vegetable
vendedor, -a salesperson
vender to sell
venir to come
  venir a + *infinitive* to come
    to. . .
ver to see, to look
  no se ve muy bien doesn't look
    too well
verdad truth
  la verdad es que . . . the truth
    is that . . .
  ¿verdad? is that so?, is that true?
verdadero, -a true, real, actual
verde green
verdura vegetable
vergüenza shame, embarrassment
  me da vergüenza + *infinitive*
    I'm embarrassed to . . .
vestido dress
vestir (i) to dress
  vestirse to get dressed
vez *(f.)* time, occasion
  a veces at times, sometimes

viajar to travel
viaje *(m.)* trip
   hacer un viaje to take a trip
video video
   tienda de alquiler de videos
     video rental store
videocasetera VCR
viejo, -a old
viernes *(m.)* Friday
vino wine
visitante *(m. & f.)* visitor
vivir to live
volar *(ue)* to fly

volver *(ue)* to return, go back;
   to come back
¡vamos! come on!, let's go!

Y

ya now, immediately; soon; already;
   (interj.) enough!; come on!
   y ya and that's it
   ya (lo) veo I see

Z

zapatería shoe store
zapato shoe